90 DÍAS PARA CAMBIAR TU VIDA

Más allá de las Calorías:

UN VIAJE PSICOLÓGICO HACIA LA NUTRICIÓN CONSCIENTE

DR. GREIVIN LÓPEZ

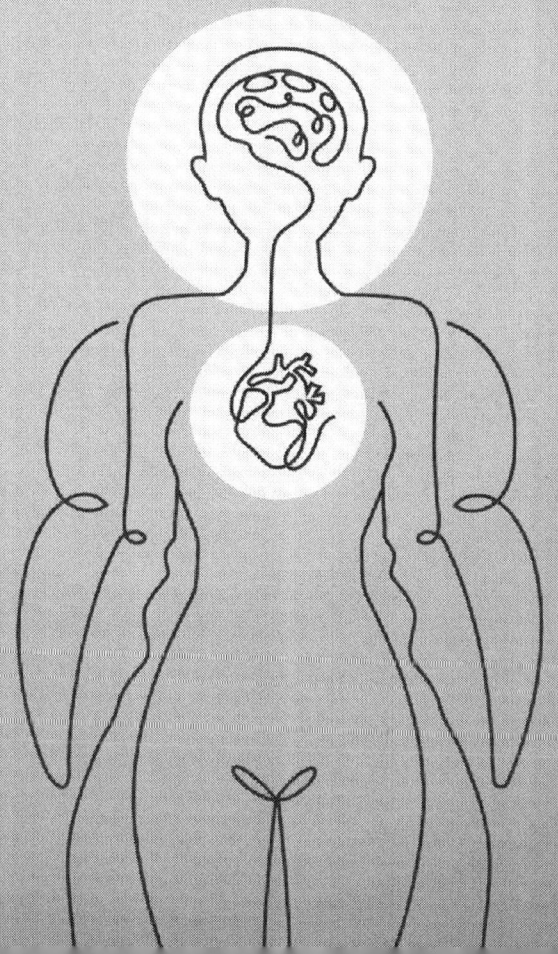

MÁS ALLÁ DE LAS CALORÍAS: Un viaje psicológico a la nutrición consciente
© 2024 por Greivin López

Editado, diagramado y publicado por:
SÉ UN MENSAJE GROUP
@SAMOYLALA
30043 Georgia - (786) 237 7171
www.se1mensaje.com

Todos los derechos reservados. Ninguna parte de este libro puede ser reproducida o transmitida de ninguna manera por ningún medio —electrónico, mecánico, fotocopiado, grabado— o por ningún sistema de almacenamiento y recuperación (o reproducción) de información sin permiso escrito por parte del autor.

Los enlaces de Internet (sitios web, blogs, etc.) en este libro se ofrecen solo como un recurso. De ninguna manera representan ni implican aprobación o apoyo de SÉ UN MENSAJE, ni responde la editorial por el contenido de estos sitios web durante la vida de este libro.

Dirección de proyecto editorial y escritura: Lala Herrera. @LalaHerreratm
Edición y corrección de estilo: Marina Lorenzín
Diseño de portada: Andrea Colina
Diseño y diagramación interna: Keren Nicoll Fierro Sánchez

Impreso en los Estados Unidos de América.

CONTENIDO

Prólogo — 07

Introducción — 09

Instrucciones — 11

Fase I: Descubre — 13

Fase II: Soluciona — 75

Fase III: Sostiene — 139

Certificado de pertenencia y tranformación personal — 201

Conclusión — 203

Biografía — 205

Guía de Intercambio de Alimentos — 207

PRÓLOGO

Desde hace varios años, la vida me permitió conocer al Dr. Greivin López, un profesional excelente que, con el paso del tiempo, se convirtió en un gran amigo y en una persona que ha sido un pilar fundamental en mi vida para lograr tener mayor salud emocional y física. Su carisma, su forma original de ser y su pasión por lo que hace y por ayudar a los demás han aportado gran valor a mi vida y a la de todos aquellos que hemos tenido el privilegio de conocerlo.

El Dr. es una persona que, con solo escucharlo, inyecta una gran dosis de motivación a través de sus conversaciones y procesos. Asimismo, nos confronta sobre cómo estamos llevando nuestro estilo de vida y de qué manera estamos cuidándonos para vernos y sentirnos bien con nosotros mismos. Creo que Greivin tiene tanto que aportar a sus pacientes y a las futuras generaciones que me emociona que este libro que tienes en tus manos hoy sea una realidad.

Recuerdo el día en el que conversamos, y le sugerí que hiciera un proyecto donde las personas llevaran sus registros de progresos y tuvieran un material de apoyo, en el cual, por medio de la nutrición y la psicología, encontraran una guía práctica. Sus ojos brillaron de ilusión. Él se comprometió, y con la disciplina que lo caracteriza hizo de este libro una realidad.

Sé que los cambios de mentalidad y en la alimentación hacia un estilo de vida saludable, en ocasiones, son agotadores y desafiantes. La gran mayoría de las personas hemos pensando que no vamos a lograr las metas y, muchas veces, nos hemos rendido. Sin embargo, tener el acompañamiento de alguien tan profesional y humano como el Dr.

López nos permite recordar que todo es posible. Cuando asumimos un compromiso basado en el amor propio, podemos hacer los cambios como él los menciona: primero en la mente y luego en el plato.

Greivin ha sido una gran bendición para mi vida. Me ha ayudado a obtener cambios que han perdurado con el tiempo, incluso ha habido momentos que ha creído más en mí que yo misma. Sé que quizá a vos también te ha pasado. Sus "regañadas" han surgido efecto en muchos de nosotros, y su particular forma de ser siempre nos saca una sonrisa y nos hace seguir trabajando para alcanzar nuestras metas.

Somos nuestras decisiones, y hoy has tomado una de ellas que es súper valiosa. Tener este libro en tus manos marcará un antes y un después. Te vas a enamorar de tu proceso, y recordarás que si vos mismo no te comprometés para lograr el cambio que anhelas, nadie más lo hará. Sé que sí podés. La buena noticia es que no estás solo, el Dr. te seguirá acompañado con sus sabios consejos y su profesionalismo, para que logres amarte y ser el amor de tu vida.

Grei, gracias por tanto apoyo. Eres un regalo del cielo. Dios te bendiga y te dé muchos años y éxito para que sigas agregando valor, esperanza y ánimo a nuestras vidas. Gracias por tu compromiso y pasión por lo que haces.

Querido lector, que disfrutes de esta hermosa aventura. Recuerda: mientras haya vida, hay esperanza.

Stephanie Campos Arrieta
Autora, coach de vida y comunicadora

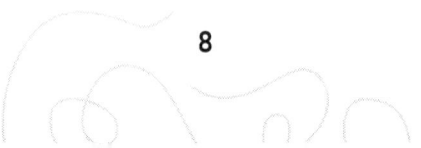

INTRODUCCIÓN

¿Quieres bajar de peso? La mayoría de las personas responden con un sonoro: "Sí, por supuesto" e incluso, suelen añadir la frase: "¡Necesito hacerlo de inmediato!".

Gracias a mis años de experiencia profesional, he observado que los resultados rápidos no suelen ser los más efectivos a largo plazo. Depender únicamente de la motivación puede resultar complicado, puesto que esta varía en función de los diversos factores emocionales, físicos o familiares. Por ello, más que poner como objetivo bajar de peso rápidamente, deberíamos buscar un enfoque que nos permita adoptar un estilo de vida sostenible a lo largo del tiempo.

Es común que en las consultas lleguen personas emocionadas y motivadas por lograr resultados inmediatos, casi "milagrosos", y aseguran que esta vez sí se van a comprometer. Sin embargo, estas suelen ser las mismas personas que tienen dificultades para mantener lo que han logrado, y enfrentan lo que comúnmente se conoce como el "efecto rebote". Este fenómeno ocurre cuando una persona vuelve a sus antiguos hábitos poco saludables después de alcanzar sus metas, lo que resulta en la recuperación del peso perdido.

Gracias a esto, he desarrollado programas en los cuales abordamos la pérdida de peso, no desde los resultados rápidos, sino desde el aprendizaje. **Solo quien esté dispuesto a conocer, comprender y reflexionar de manera intencional sobre su autocuidado y nutrición va a poder hacer una transformación verdadera no solo de su cuerpo, sino de su vida entera.**

Esa es la razón por la cual surgió este libro que tienes en tus manos: Más allá de las calorías: un viaje psicológico hacia la nutrición consciente. Consiste en un manual para acompañarte y guiarte a través de diferentes recursos, meditaciones y reflexiones, a fin de que generes un cambio verdadero durante los siguientes 90 días.

¡Sin más preámbulo, te doy la bienvenida a este libro! Anímate a personalizarlo y a hacerlo un manual para toda tu vida. A su vez, te invito a que tomes fotos a los ejercicios que más te gustan, y me los envíes a mis redes sociales. ¡Será fantástico compartir tu proceso!

INSTRUCCIONES

¡Bienvenido a tu viaje de autodescubrimiento y transformación! Este libro ha sido creado especialmente para ti, con el propósito de ser una herramienta personalizada que te acompañará en cada paso hacia el crecimiento y el cambio positivo. En las siguientes páginas, encontrarás una variedad de ejercicios, reflexiones y actividades diseñadas para explorar tus pensamientos, emociones y metas más profundas.

Para aprovechar al máximo esta valiosa herramienta, te animo a seguir las siguientes pautas:

Este libro está diseñado para completarse en 90 días, trabajando en un capítulo por día. Si por alguna razón no puedes avanzar dos días seguidos, simplemente retoma el proceso desde donde lo dejaste.

En cada día encontrarás una reflexión y una instrucción para completar. Dedica el tiempo necesario para reflexionar y responder con sinceridad.

Completa los ejercicios en los espacios correspondientes del libro o, si lo prefieres, utiliza un cuaderno aparte para profundizar en tus respuestas.

El propósito principal de este libro es impulsar cambios en tu estilo de vida. Recuerda que es normal que surjan obstáculos en el camino. Mantén la constancia y retoma el proceso para seguir avanzando.

Si tienes alguna pregunta sobre algún ejercicio, no dudes en contactarme a través de mis redes sociales. Estoy para ayudarte en tu viaje de autodescubrimiento y crecimiento personal.

Considera compartir tu experiencia en Amazon mediante una reseña. Tu opinión puede inspirar a otros a embarcarse en su propio viaje de transformación.

Que este viaje sea una experiencia enriquecedora y transformadora para ti. ¡Adelante, comencemos tu camino hacia una vida más plena y significativa!

FASE I: DESCUBRE

ENCUENTRA LA RAÍZ Y RECOLECTA EL FRUTO

Mi lema solía ser "El que reza y peca empata". Durante mucho tiempo, creí que comer lo que quisiera, en el momento que quisiera y hacer ejercicio de vez en cuando era suficiente para cumplir con mi objetivo. Sin embargo, durante los últimos nueve años, he trabajado con el método integral del Dr. Greivin López y, aparte de enamorarme del proceso, he tenido un cambio de mentalidad que me ha llevado a un estilo de vida saludable.

Durante mi proceso, la disciplina, la credibilidad y la paciencia han sido fundamentales, y he aprendido a trabajar día a día en las cosas más difíciles, hasta el punto de que se volvieran fáciles. Estoy convencida de que nuestra mente es un reflejo de lo que repetimos, y nuestro cuerpo de lo que consumimos. Es por esto por lo que el método del Dr. Greivin López es tan efectivo. No podemos tener buenos resultados si no se tiene un proceso integral y un objetivo firme.

Actualmente, soy maratonista con un tiempo oficialmente registrado de 3 horas y 32 minutos, con 7 kg menos y 12 % menos de grasa corporal y, sin duda, esto no lo hubiera logrado sin la ayuda de Greivin, a quien nuevamente le agradezco por acompañarme en cada uno de mis desafíos y por ganar una vida saludable.

Jenniffer Corrales Romero

MÁS ALLÁ DE LAS CALORÍAS

CARTA AL NIÑO INTERIOR

Reconocernos como seres integrales a la hora de evaluar nuestra relación con los alimentos es fundamental. Por eso, iniciaremos con la relación que tenemos con nuestro niño interior. Muchos de los obstáculos que enfrentamos como adultos a la hora de responsabilizarnos con nuestros hábitos tienen inherencia en nuestra infancia.

Quienes de niños han sido marcados por el miedo y la inseguridad, impuestos por influencias tanto familiares como sociales, suelen desarrollar conductas negligentes y negativas cuando son adultos. Lamentablemente, este ciclo puede conducir a la formación de modos de vida disfuncionales, no solo en términos de tu relación con la comida, sino en todos los aspectos de tu vida.

En este proceso de cambio que estás comenzando, la sanidad integral requiere que tengas una conversación con ese niño interior, a fin de compartir con él los detalles de tu crecimiento, tus inseguridades, tus temores, tus dudas e, incluso, tus fracasos. Esto, aunque doloroso, puede ser la puerta para abrazar con esperanza esa responsabilidad que tienes hacia ti mismo. No tengas miedo del dolor transitorio; ya posees la fortaleza para superarlo.

Durante este camino, se permite llorar, sentir dolor e incluso experimentar miedo. Este libro nos enseña a enfrentar nuestras emociones sin temor y validarlas. Es el momento de transformarnos

I FASE: IDENTIFICACIÓN

en adultos fuertes, capaces de hacer sentir orgulloso a ese niño interior que llevamos dentro.

Para comenzar esta jornada de transformación, te invito a realizar un ejercicio profundo y poderoso: escribir una carta a tu niño interior. Toma un momento para dirigirte a esa versión más joven de ti mismo, y expresa tus emociones, tus experiencias y tus deseos. Esta carta es un regalo para ti mismo, una oportunidad de sanación y conexión con tu ser más auténtico.

El texto no debe limitarse a exponer el dolor del pasado. También puede celebrar los logros y avances que el adulto ha alcanzado hasta el día de hoy, lo que le permite sentirse orgulloso de quién es. Todos enfrentamos momentos difíciles en la vida, pero la sanación y el perdón hacia ese niño interior, quien era indefenso e inocente, son esenciales para avanzar y proteger al adulto que somos ahora.

CARTA A MI NIÑO INTERIOR

MÁS ALLÁ DE LAS CALORÍAS

¿POR QUÉ ESTÁS LEYENDO ESTE LIBRO?

Es fascinante observar cómo muchas personas comienzan a leer libros con gran entusiasmo, solo para abandonarlos a mitad de camino, saboteando sus propios procesos y saltándose las barreras que podrían llevarlos hacia un crecimiento significativo. ¿Por qué sucede esto? A menudo, la causa principal puede ser la falta de claridad sobre el propósito de emprender una jornada.

Por eso, después de haber dedicado tiempo a reconocer y conectar con nuestro niño interior, es hora de explorar el propósito de este proceso. ¿Por qué estás sosteniendo un libro como este en tus manos?

Te invito a responder las siguientes preguntas con sinceridad y profundidad. Explora tus motivaciones, tus deseos más profundos y las razones que te han llevado a embarcarte en este viaje hacia la nutrición consciente. A través de esta reflexión, podremos descubrir juntos el significado detrás de tus acciones y avanzar con mayor claridad hacia un estilo de vida más saludable y consciente.

1. ¿Qué te llevó a buscar un cambio en tu estilo de vida y tu relación con la alimentación?

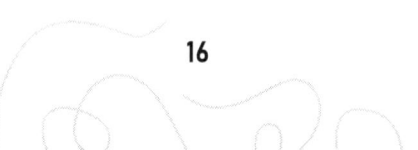

I FASE: IDENTIFICACIÓN

2. ¿Cuáles son tus mayores deseos y aspiraciones relacionados con tu bienestar físico y emocional?

....
....
....

3. ¿Qué obstáculos o desafíos has enfrentado en el pasado que te han llevado a buscar una transformación en tu vida?

....
....
....

4. ¿Cómo imaginas que será tu vida una vez que hayas logrado tus objetivos de salud y bienestar?

....
....
....

5. ¿Qué te impulsa a seguir adelante cuando enfrentas dificultades o momentos de desánimo?

....
....
....

Al explorar estas preguntas, nos adentramos en el corazón de nuestro propósito personal. Conocer nuestras motivaciones nos permite trazar un camino claro hacia nuestros objetivos, y nos brinda la fuerza y la determinación necesarias para superar los desafíos que puedan surgir en el camino. Sigamos avanzando juntos hacia una vida de nutrición consciente y de bienestar integral.

MÁS ALLÁ DE LAS CALORÍAS

TRABAJA LA RAÍZ Y EL FRUTO SERÁ MEJOR

Como especialista en nutrición, sé que muchas personas acuden a mí sin comprender completamente cuáles son sus motivaciones. Es esencial entender que, aunque un nutricionista puede ayudarnos con los resultados superficiales, rara vez aborda la raíz del problema. Esa es mi tarea a través de este libro, ir hasta lo más profundo.

¿Te ha pasado alguna vez que pierdes peso rápidamente solo para recuperarlo poco después? Esto se debe a lo mismo: tratamos el síntoma, pero no la causa subyacente. No te culpo; es más fácil evitar enfrentar nuestros problemas que solucionarlos desde su raíz. La buena noticia es que no somos árboles ni seres estáticos; podemos movernos con libertad y alcanzar transformaciones asombrosas.

Como siempre digo: "Si no identificamos la enfermedad, nunca encontraremos la cura". Si no trabajamos en nuestras raíces, no podremos avanzar, y es probable que esas conductas arraigadas en tu interior durante tantos años sean difíciles de dejar.

Te doy un ejemplo: yo también tuve una raíz que me estancó durante muchos años. Llevaba el peso de la pobreza arraigado en mi mentalidad. Afortunadamente, aprendí a reconocerla y a enfrentarla, a pesar del dolor y del miedo que me causaba salir de lo que siempre

I FASE: IDENTIFICACIÓN

hacía y conocía. ¡Por supuesto que me daba miedo cambiar! Pero me daba más miedo quedarme en el lugar en el que estaba y no avanzar.

Reflexiona sobre tu propia vida y las experiencias que has tenido. ¿Hay algún evento o situación que crees que podría haber influenciado tu relación con la comida y el bienestar? Tómate un momento para explorar tus pensamientos y emociones sobre este tema.

4 TIPOS DE RAÍCES, ¿CUÁL ES LA TUYA?

Las raíces de nuestros problemas pueden surgir de diversas experiencias y factores en nuestras vidas, por ejemplo:

Experiencias traumáticas: Los eventos pasados de abuso físico, emocional o sexual pueden dejar una marca en nuestra relación con la comida.

Presión social y cultural: Las expectativas de belleza y los estándares sociales pueden generar ansiedad y comportamientos poco saludables relacionados con la alimentación.

Perfeccionismo y autoexigencia: El deseo de alcanzar la perfección puede llevar a patrones restrictivos en la alimentación y preocupación excesiva por el peso y la imagen corporal.

Modelos de crianza: Los hábitos alimentarios aprendidos en la infancia pueden influir en nuestra relación con la comida en la edad adulta.

Observa el dibujo de las raíces del árbol que se muestra a continuación. En las líneas blancas de las raíces, escribe las influencias o experiencias de tu vida que crees que están afectando tu relación actual con la comida y el bienestar. Cada raíz representa una influencia diferente en tu vida, ya sea un evento traumático, la presión social, un patrón

I FASE: IDENTIFICACIÓN

de comportamiento aprendido, o cualquier otra cosa que creas que pueda estar afectando tu relación con la comida.

Después de identificar tus raíces, pregúntate cuáles son más fuertes que tú. La mayoría de nuestros miedos son irracionales, lo que significa que si los enfrentamos, podemos vencerlos. Te animo a seguir adelante; pronto los superaremos juntos.

MÁS ALLÁ DE LAS CALORÍAS

CORTANDO MIS RAÍCES

Te felicito por haber llegado hasta aquí. Significa que has logrado identificar las raíces del problema. Ahora, viene el desafío de enfrentarlas, y es el momento de hacerlo.

Considero fundamental comprender que nuestras raíces siempre nos acompañarán. A menudo, nos frustramos porque no queremos aceptarlas como parte de nosotros. Sin embargo, el hecho de que sean parte de nuestra historia no implica que no podamos aprender a manejarlas de manera constructiva. Esta es la verdadera clave: comprender que son nuestras, pero que no nos limitan si las abordamos con la fuerza y el poder que reside en nuestro interior.

En el siguiente cuadro, escribe tres estrategias para superar cada raíz identificada. Aunque puedas sentirte desorientado al principio, confía en tu capacidad para encontrar soluciones. Ahora es el momento de abordar estas raíces con determinación y claridad.

Es normal sentir incertidumbre. A lo mejor piensas: No sé cómo hacerlo, suena difícil. Sin embargo, recuerda que tienes la capacidad de pensar con claridad y serenidad para encontrar soluciones efectivas. No te preocupes si experimentas contratiempos en el proceso; lo importante es que ahora dispones de múltiples estrategias para enfrentar y superar estas raíces.

I FASE: IDENTIFICACIÓN

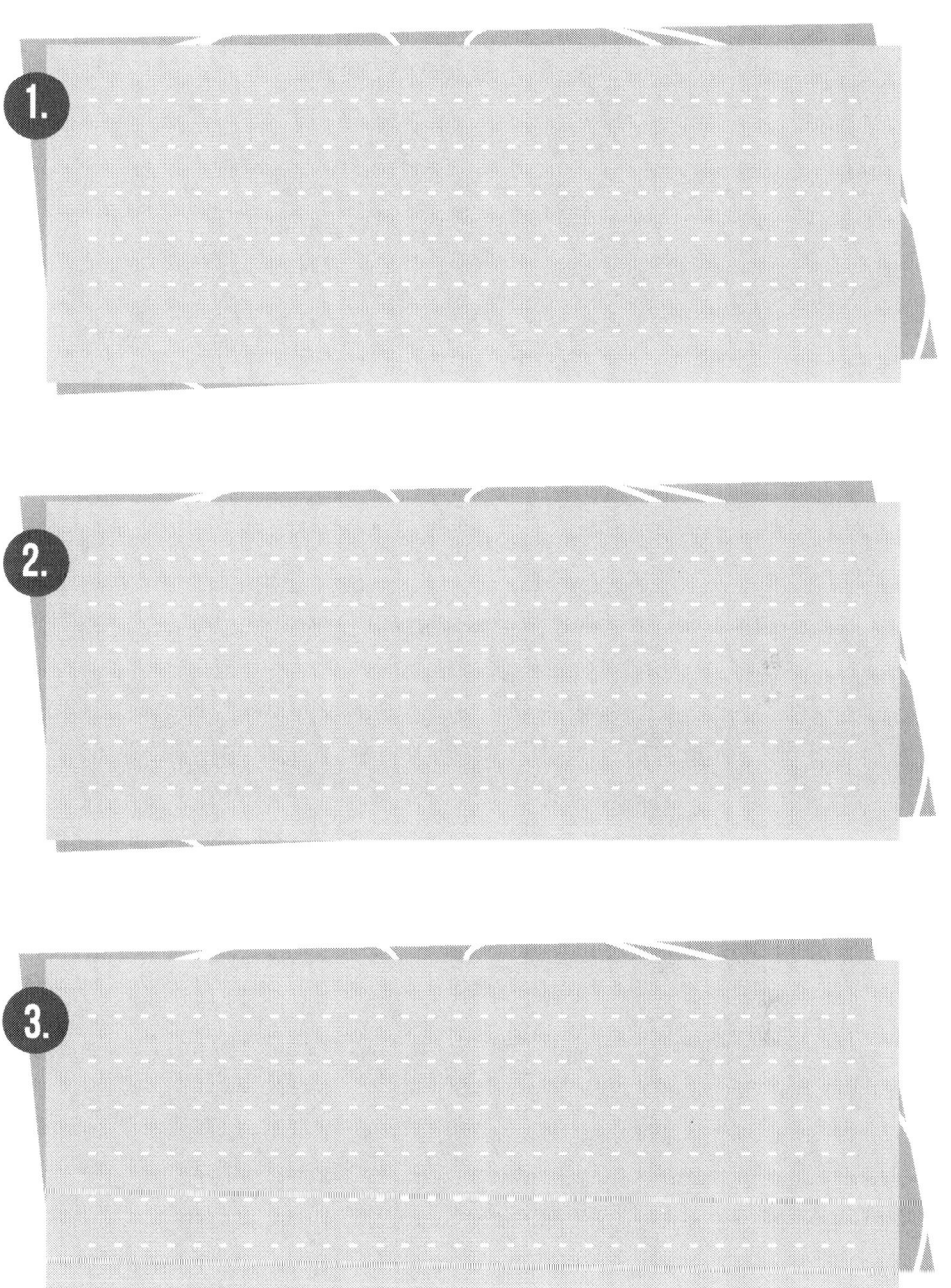

LA OBRA DE TEATRO PERSONAL

Desde una temprana edad, absorbemos los patrones que nos inculcan. Nadie nace predestinado, sino que son nuestros padres o tutores quienes moldean nuestras trayectorias, mientras que la sociedad, a menudo marcada por el resentimiento y la crueldad, contribuye a su desarrollo, en gran medida, desde los hogares.

Los roles que desempeñamos van delineando el sendero que recorremos. Algunos se ven destinados al papel principal, lo que puede engendrar el narcisismo, mientras que otros se ven relegados a los roles secundarios, percibidos como menos significativos e incluso instigados a pasar desapercibidos. Ambos extremos, mal gestionados, pueden conducir a la baja autoestima, la falta de límites y la escasa valoración propia.

A la hora de cambiar nuestro estilo de vida, muchos pueden elegir el camino de la nutrición saludable solo como un eslabón tóxico ególatra, en el que los aplausos y las ovaciones externas son la única motivación. Así mismo, alguien que no se ve en un papel principal en su vida es posible que considere que no tiene la capacidad para hacer esos ajustes y comience emocionado, pero al perder la motivación, desista.

I FASE: IDENTIFICACIÓN

Por tanto, tu tarea hoy consiste en reconocer qué papel te ha tocado representar. Este papel ha sido el eje de tu desarrollo y aprendizaje a lo largo de tu vida. Ya sea beneficioso o perjudicial, has logrado avanzar. Sin embargo, llegó el momento de explorar múltiples roles que nos conducirán hacia otros horizontes.

Describe el tipo de actor que eres y las conductas que has desarrollado como resultado. Identificar estas conductas será de gran utilidad para tu futuro crecimiento y desarrollo.

¿De qué manera crees que este papel ha afectado tu relación contigo mismo, tus hábitos y tu crecimiento personal?

MÁS ALLÁ DE LAS CALORÍAS

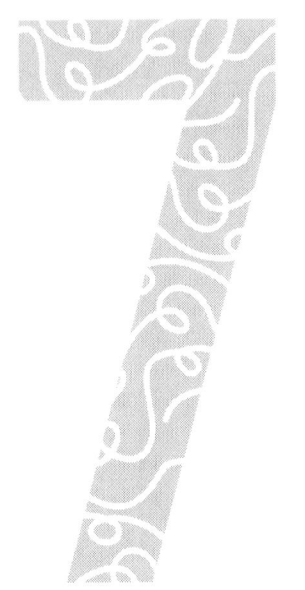

LA CARRERA DE OBSTÁCULOS

A menudo, la transformación personal se asemeja a una carrera de obstáculos, donde cada paso adelante parece estar seguido de una nueva barrera. ¿Por qué? Porque cambiar hábitos implica desafiar no solo nuestras acciones, sino también nuestras creencias arraigadas.

¿Has notado cómo, al embarcarte en un nuevo camino hacia el crecimiento, de repente todo parece conspirar en tu contra? El tiempo se vuelve escaso; las finanzas, ajustadas;, las opiniones de los demás se tornan críticas; y las emociones fluctúan entre la motivación y la duda. Es como si todo estuviera probando nuestra determinación.

Sin embargo, aquí está la verdad: la mayoría de las personas que abandonan en el camino no lo hacen por falta de capacidad, sino por presentar excusas. Ya sea el pretexto del tiempo, el dinero, las palabras de alguien o las emociones, estos son enemigos comunes disfrazados de obstáculos inevitables.

Este día, te desafío a identificar esos sabotajes potenciales en tu camino hacia el cambio. ¿Qué obstáculos se interponen entre tú y tus metas? ¿Cómo puedes desactivar estas bombas de autolimitación antes de que exploten?

I FASE: IDENTIFICACIÓN

Reconoce que el tiempo y el dinero son recursos que puedes administrar con creatividad y disciplina. Las opiniones de los demás son solo eso, opiniones, y no definen tu valía ni tu capacidad de crecimiento. Y las emociones, aunque poderosas, pueden ser entendidas y gestionadas con práctica y paciencia.

Hoy, decide no permitir que estos enemigos invisibles dicten el curso de tu viaje. Enfréntalos con determinación y confianza, porque cada vez que superas un obstáculo, te fortaleces y te acercas un paso más a convertirte en la mejor versión de ti mismo.

Identifica cuáles son los tres tipos de obstáculos más comunes que se pueden levantar en tu proceso de transformación y escribe cómo vas a combatirlos para permanecer en el camino.

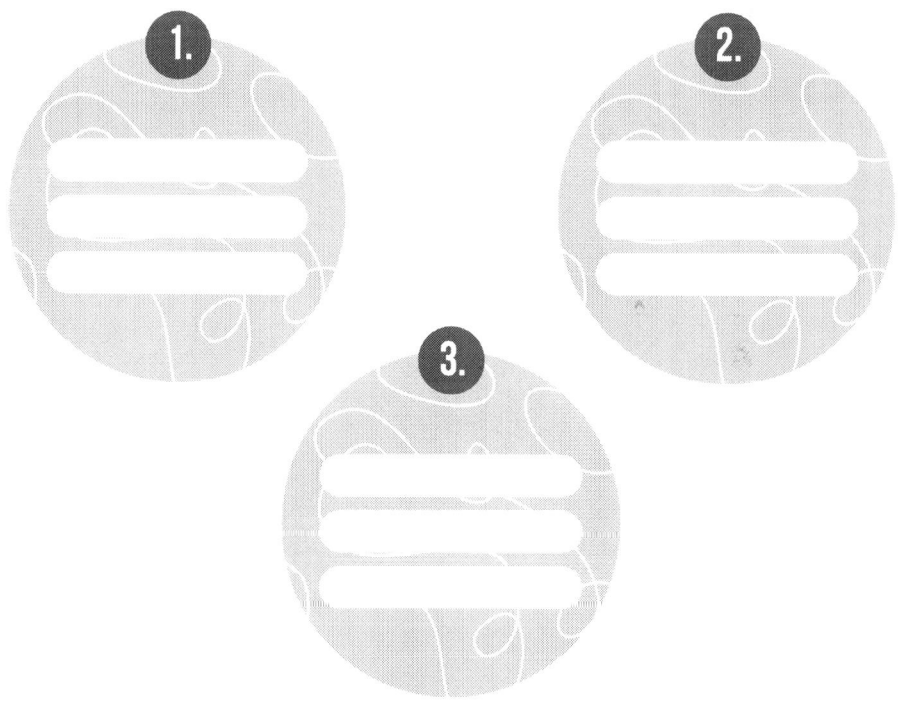

MÁS ALLÁ DE LAS CALORÍAS

LA INTELIGENCIA EMOCIONAL ES TU ALIADA

¿Has escuchado hablar acerca de la Inteligencia emocional? La inteligencia emocional es la capacidad de reconocer, comprender y gestionar nuestras propias emociones, así como también las emociones de los demás. Fue popularizada por el psicólogo y escritor Daniel Goleman en su libro La inteligencia emocional.

La inteligencia emocional es tan importante, o incluso más, que el cociente intelectual. Aquellas personas que carecen de inteligencia emocional, a menudo, enfrentan problemas de salud o tienen relaciones difíciles, y esto se aplica tanto a las relaciones interpersonales como a la relación con la comida.

Gran parte de los problemas de alimentación están relacionados con la falta de desarrollo de la inteligencia emocional. El manejo inadecuado de los sentimientos, la historia de vida o las relaciones afecta, considerablemente, nuestra autopercepción y capacidad de cuidado hacia nosotros mismos.

Reflexiona sobre tus propias habilidades de inteligencia emocional. Escribe una lista de situaciones en las que has enfrentado desafíos emocionales y cómo los manejaste.

I FASE: IDENTIFICACIÓN

¿Te gustaría aprender a gestionar mejor tu inteligencia emocional?
¿Qué crees que necesitas para hacerlo?

DESAFÍOS EMOCIONALES

EL ESPEJO: UNA ENEMISTAD PERSISTENTE

Una vez que hayas identificado el rol que predomina en tu vida, y hayas meditado sobre la inteligencia emocional y cómo te percibes a ti mismo, es momento de explorar tu relación con el espejo. ¿Cómo te sientes cuando te enfrentas a tu reflejo? Es probable que en algún momento hayas experimentado sentimientos de odio hacia tu imagen, una experiencia común para muchos de nosotros.

Hoy quiero invitarte a reflexionar sobre lo que has ganado alimentando estos sentimientos, y si realmente ha valido la pena. La batalla con el espejo puede extenderse en el tiempo, pero, por ahora, quiero que identifiques los comentarios negativos que te haces y consideres si, realmente, te han ayudado a mejorar o si, por el contrario, se han convertido en tu principal obstáculo para avanzar. Es momento de preguntarte qué estás buscando al criticarte tan gravemente día tras día.

Identifica las diez áreas que más criticas de ti mismo frente al espejo y reflexiona sobre cómo te ha beneficiado ese escrutinio.

Puede que sea usual para ti juzgarte a ti mismo. No obstante, te adelanto que estas críticas rara vez contribuyen a tu crecimiento, ya que nadie puede prosperar cuando el odio es el motor que impulsa la introspección.

I FASE: IDENTIFICACIÓN

DIEZ ÁREAS QUE MÁS CRITICAS DE TI

10 DEJANDO ATRÁS EL CÍRCULO VICIOSO DE LA AGRESIÓN

Muchas veces, asociamos la violencia únicamente con los golpes físicos, pero ¿alguna vez has reflexionado sobre si la vida que llevas está inmersa en un círculo de violencia tan arraigado y normalizado que ni siquiera te das cuenta de ello? Maltratarnos al mirarnos en el espejo es dañar una parte esencial de nuestro ser a diario. Como se suele decir, a menudo el dolor de una agresión psicológica supera al de una agresión física.

Las agresiones no siempre provienen de otros, sino que muchas veces actuamos como agresores y víctimas de nosotros mismos. ¿Cómo podemos ser buenos amigos, parejas o padres si nos maltratamos internamente? Sé que cambiar este patrón de comportamiento es un desafío diario, pero es el momento de mejorar, y tú puedes lograrlo de manera constante y consciente.

Aprende a detenerte en esos momentos críticos utilizando lo que llamamos anclajes. Puedes usar una pulsera, un anillo o incluso un tatuaje que te recuerde tu valía y tu deseo de dejar atrás la victimización y la agresión hacia ti mismo. De igual manera, una palabra clave puede servirte como una señal de alto, invitándote a reflexionar antes de actuar de forma destructiva contigo mismo.

I FASE: IDENTIFICACIÓN

En el siguiente cuadro, escribe qué tipo de anclaje o ayuda vas a utilizar para detenerte cuando identifiques que estás cayendo en conductas de agresión hacia ti mismo/a.

MÁS ALLÁ DE LAS CALORÍAS

EL PERDÓN QUE DA INICIO A LA VIDA

En el primer paso, ya perdonaste a tu niño interior y, tras el recorrido de estos días, vamos por un buen camino, pero detengámonos un momento. ¿Has perdonado a la persona más importante de tu actualidad? ¿Has perdonado al adulto en el que te has convertido?

Hoy nos enfrentamos a una de las tareas más difíciles, pero también más beneficiosa: perdonarte a ti mismo como adulto e intentar tener la misma empatía que tienes con los demás.

Después de haber identificado el círculo de violencia que había en tu vida y las críticas constantes que le hacías a tu cuerpo, vamos a empezar a valorar esas críticas de forma positiva y compasiva. ¿Cómo hacerlo? Quiero animarte a sacar algo bueno de cada juicio que has hecho en contra de ti; por ejemplo, cuando te critiques el abdomen bajo o tus estrías, reconoce su razón de ser y abórdalas con amor. Recuerda que de ese lugar provienen tus hijos y que, gracias al proceso que tu cuerpo pasó, hoy puedes disfrutar junto a ellos. ¡Qué maravilloso!

Te insto a que desarrolles un listado positivo y compasivo para cada crítica que tienes hacia ti mismo. Cuando te encuentres queriendo criticarte de manera inconsciente, recuerda resaltar ante tu cerebro los aspectos positivos que posees. Te aseguro que vales más de lo

I FASE: IDENTIFICACIÓN

que crees y que te mereces ese perdón más que nadie. Recuerda que nadie crece desde la crítica.

Haz una lista de las críticas más duras que te haces a ti mismo. Luego, identifica el aspecto positivo de cada una de ellas. Es decir, busca qué cualidad, aprendizaje u oportunidad de crecimiento representa cada crítica. Esto te ayudará a cambiar tu enfoque y a reconocer el valor en ti mismo, en lugar de solo concentrarte en lo negativo.

CRÍTICA   OPORTUNIDAD

MÁS ALLÁ DE LAS CALORÍAS

INICIA EL PROCESO CON AMOR, Y TODO SERÁ DIFERENTE

Hoy es un día excelente para dejar atrás el odio y comenzar la alimentación consciente con todo el amor posible. Permíteme explicarte a qué me refiero: a menudo, en la consulta, observo cómo las personas comienzan su viaje hacia una mejor salud y una alimentación adecuada desde un lugar de odio hacia su propio cuerpo o hacia las críticas de los demás, en lugar de hacerlo por un interés genuino en su salud y bienestar. ¿Te suena familiar?

Este patrón común me ha llevado a preguntarme qué relación puede florecer cuando el odio está presente. Es evidente que los resultados no son los mejores, ya que el rencor, la ira o el dolor no son motores efectivos para hacer cambios significativos en nuestras vidas.

Cuando emprendí mi propio camino, decidí hacerlo desde el amor. Una de las razones que más me motiva es pensar en que inicié este proceso porque quería sentirme orgulloso de mi constancia. Es algo que me impulsa a seguir adelante y que no tiene fin.

Escribe una carta dirigida a ti mismo, para reconciliarte con el proceso de cambio de hábitos y comenzar de nuevo desde el amor. Detalla claramente por qué eliges abordar este proceso desde esta perspectiva.

I FASE: IDENTIFICACIÓN

CARTA A MI MISMO

13 ¿CÓMO PUEDO AMARME A MÍ MISMO?

Contrario al día anterior, seguramente, a lo largo de tu vida, has escuchado que para amar a otros y amar bien, primero debes amarte a ti mismo. Pero ¿qué significa? ¿De qué se trata? Es simple. Me refiero al amor propio, ese que sabes que existe, pero del cual rara vez se habla en la escuela y, posiblemente, tampoco en tu familia.

El amor propio se puede definir como el acto de respeto, aceptación y cuidado hacia ti mismo. Esto implica el valor que te das, los pensamientos, percepciones y consideraciones que generas hacia tu persona, independientemente de los demás.

El amor propio no necesita la aprobación ni la complacencia de los otros, sino que depende únicamente de cómo te relacionas contigo mismo y de tu voluntad para amarte. Además, está relacionado con la manera en que te vinculas con tus sentimientos, tus emociones, tu físico, tu personalidad, tu carácter y tus ideas.

Así como podemos medir el nivel de violencia que ejercemos hacia nosotros mismos con una minuta de nuestros juicios, también podemos promover y fortalecer nuestro amor propio a partir de los pensamientos positivos y los elogios que nos brindamos. La alimentación va más allá de lo que ingerimos, nuestros pensamientos

I FASE: IDENTIFICACIÓN

también son parte activa de nuestra nutrición, y enfocarnos en ellos da frutos perdurables en todo lo que hacemos.

Haz una lista de veinte elogios o cualidades positivas que encuentras dentro de ti. Reconoce los aspectos positivos y detállalos en este ejercicio para fortalecer tu autoestima y confianza en ti mismo.

1.
2.
3.
4.
5.
6.
7.
8.
9.
10.
11.
12.
13.
14.
15.
16.
17.
18.
19.
20.

14. DIME A QUIÉN SIGUES, Y TE DIRÉ QUIÉN ERES

En un mundo saturado de redes sociales, transitamos entre dos realidades: la genuina y la idealizada que anhelamos. Esta constante exposición a imágenes y vídeos nos sumerge en realidades ficticias e inalcanzables, dificultando así el logro de nuestras metas e incluso promoviendo la falta de conexión con nuestra imagen. Por eso, hoy te insto a cuestionar si las personas que sigues en las redes sociales realmente añaden algo positivo a tu vida diaria.

Seguir a personas con cuerpos modificados digitalmente, que te hacen sentir odio y desprecio hacia ti mismo, no es una ayuda para crecer en el proceso de autoaceptación. Por eso, quiero que te preguntes lo siguiente: "¿Aquellas personas que sigo en las redes sociales contribuyen verdaderamente a mi bienestar emocional y mental? ¿O simplemente ocupan mi tiempo con contenido que no me nutre ni me ayuda a crecer?".

Realiza un filtro en tus redes sociales y elimina aquellas cuentas que no te aporten valor ni te impulsen hacia tus metas. Prioriza seguir a personas que te inspiren y te ayuden a convertirte en tu mejor versión. Recuerda que tu tiempo es valioso y merece ser invertido en aquello que te acerque a tus objetivos.

I FASE: IDENTIFICACIÓN

¿CUÁL ES MI RELACIÓN ACTUAL CON LA COMIDA?

¿Alguna vez te has detenido a reflexionar sobre el verdadero significado que tiene la comida en tu vida? Más allá de satisfacer el hambre física, esta tiene un poderoso impacto en nuestra salud, emociones y relaciones.

Piensa en cómo te relacionas con la comida en diferentes situaciones. ¿Comes por aburrimiento, estrés o emociones? ¿Utilizas la comida como recompensa o castigo? ¿Te sientes culpable después de comer ciertos alimentos?

La comida no solo nutre nuestro cuerpo, sino también nuestra mente y nuestro espíritu. Los hábitos alimentarios afectan nuestra salud física y emocional, por lo que una buena dieta, más allá de ser únicamente una selección de alimentos, es una herramienta para cuidar de nosotros de manera integral.

Con el fin de profundizar un poco al respecto, me gustaría que reflexiones sobre estas preguntas: ¿La comida te brinda alegría y energía, o te hace sentir culpable y avergonzado? ¿Te ayuda a conectarte con los demás en momentos de celebración y camaradería, o te aleja de las relaciones significativas?

I FASE: IDENTIFICACIÓN

Reflexiona sobre tus hábitos alimentarios y cómo estos reflejan tus valores, creencias y emociones. ¿Qué papel deseas que tenga la comida en tu vida? ¿Cómo puedes cultivar una relación más saludable y consciente con la comida?

16 EXPLORANDO LAS EMOCIONES DETRÁS DE LA COMIDA

Un mejor amigo es una persona a la cual recurrimos para cualquier momento o emoción de la vida, es con quien básicamente siempre queremos estar. Hay personas con tantos vacíos que su único refugio o "mejor amigo" es la comida. Esta se convierte en esa herramienta para compartir diversas emociones, las cuales ya sobrepasan la necesidad básica de comer para nutrirnos. Comemos para sentir compañía en momentos de felicidad, tristeza, decepción o, incluso, para "premiarnos" cuando hacemos algo que consideramos bueno y honroso.

El hecho de añadir emociones a nuestras conductas alimentarias, lejos de ayudarnos, puede llevarnos a caer en una espiral de hábitos nocivos, en donde la decisión de cuidarnos se vuelve compleja gracias a nuestra percepción de las elecciones saludables.

El alimento es una fuente de energía a nivel nutricional, para cumplir con nuestras necesidades diarias. Además, sacia nuestros requerimientos de vitaminas, minerales y macronutrientes, de acuerdo con nuestros requerimientos. En otras palabras, es más un requerimiento biológico que emocional.

I FASE: IDENTIFICACIÓN

Quien le dio una conceptualización emocional a la alimentación fuimos nosotros; por lo tanto, es nuestra responsabilidad darle el correcto significado para gestionar mejor nuestros hábitos.

Escribe en la siguiente lista veinte momentos en los cuales has comido por una necesidad emocional y detalla que emoción fue la que te motivó a hacerlo.

¿Crees que esa emoción mejoró después de comer o simplemente se convirtió en culpa? ¿Cómo podrías manejar esa emoción de manera diferente la próxima vez, sin recurrir a la comida?

Este ejercicio te ayudará a tomar conciencia de tus hábitos alimentarios emocionales y a explorar nuevas formas de manejar tus emociones, sin depender de la comida como el único refugio.

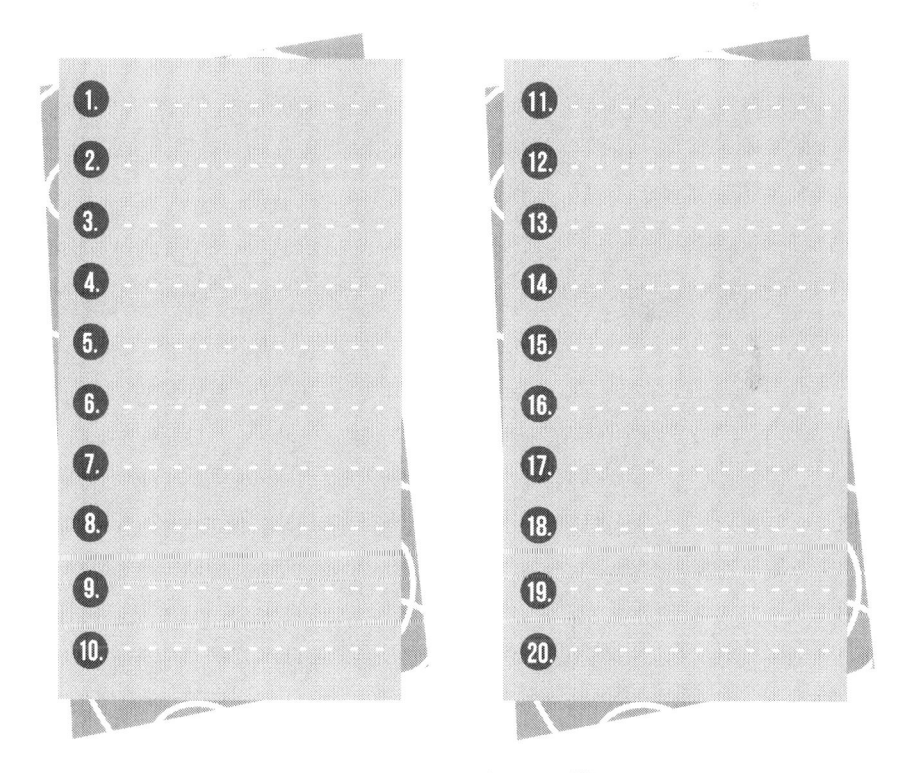

1.
2.
3.
4.
5.
6.
7.
8.
9.
10.

11.
12.
13.
14.
15.
16.
17.
18.
19.
20.

17. ¿Y SI LA COMIDA ES TU ADICCIÓN?

Sé que este título puede llamarte la atención, y es justo por eso que es necesario hablar del tema. Para muchos, la comida es una droga y causa la misma sensación de adicción que experimenta un farmacodependiente.

¿Te ha pasado que agarras un paquete de papas o saboreas un postre que te gusta mucho y, aunque sabes que ya comiste suficiente, continúas sin parar hasta que te acabas todo?

Si te has sentido dominado por la comida, incapaz de detenerte a pesar de tus intentos repetidos, y ha llegado a afectar tu autoestima, trayendo sobre ti un sentimiento de culpa, ¡es momento de prestar atención!

¿Cómo puedes salir de la adicción a la comida? La respuesta es sencilla, pero su práctica no. Una de las soluciones es ser más conscientes de lo que ingerimos. Esta es la razón por la que este libro habla de la "alimentación consciente", pues es la manera más acertada para cambiar de forma definitiva nuestro estilo de vida. La otra solución es pasar por un período de abstinencia, lo cual resultará difícil con ciertos tipos de alimentos. ¿Estás dispuesto a elegir este camino?

¿Considerarías tener drogas, alcohol o cualquier otro tipo de detonante en tu casa si tuvieras un adicto en la familia? Seguramente, eliminarías todo lo que fuera necesario sin meditarlo mucho. En el caso de la alimentación, no se trata de erradicar por completo la comida, pero sí de ser selectivos y conscientes en nuestras elecciones.

¿Qué estrategias podrías utilizar para cambiar esta adicción a la comida y promover una relación más positiva con ella?

ESTRATEGIAS

18. LOS CARBOHIDRATOS ENGORDAN

Un mito arraigado en nuestra sociedad es que los carbohidratos son responsables del aumento de peso. Sin embargo, aunque es cierto que un consumo sin medida puede llevar a ganar kilos, lo mismo sucede con cualquier alimento que se consume en exceso. Vivimos en una cultura que tiende a culpar a diversos factores antes de reconocer que el exceso es el verdadero problema.

Pero, antes de continuar, ¿sabes qué son los carbohidratos? Los carbohidratos son macronutrientes que proporcionan energía al cuerpo. Se dividen en azúcares simples (como la glucosa, la fructosa y la lactosa que están presentes en las frutas y los dulces), almidones (en alimentos como el pan, el arroz y las papas) y fibras (como la soluble en avena y la insoluble en granos enteros).

Desde mi experiencia personal con pacientes, puedo afirmar que muchas personas han logrado perder peso manteniendo una dieta equilibrada en carbohidratos.

Nuestro enemigo no es el alimento, sino los malos hábitos y las excusas que nos impiden ver con claridad. Ni el arroz nos hace subir de peso ni una ensalada nos hace adelgazar por sí sola; es el equilibrio entre ambos lo que puede conducir a una pérdida de peso constante y sostenida.

I FASE: IDENTIFICACIÓN

Para determinar cuántos carbohidratos consumir en general y mantener un déficit calórico, recomiendo usar la medida del puño de tu mano por comida como una guía práctica. Para facilitar este proceso, al final del libro encontrarás una guía de intercambios de alimentos que te será de gran utilidad.

Ahora bien, si te preguntas qué es el déficit calórico, básicamente significa ingerir menos alimentos de lo que realmente necesitamos, con el fin de alcanzar una pérdida de peso y grasa corporal.

En la siguiente lista, indica siete tipos de carbohidratos que recuerdas haber consumido durante la última semana y en qué cantidades (poco, suficiente o en exceso).

CARBOHIDRATOS CONSUMIDOS

1.
2.
3.
4.
5.
6.
7.

19 ¿LA DIETA Y EL EJERCICIO SON REALMENTE UN SACRIFICIO?

A nivel cultural, nos han enseñado a pensar que el ejercicio es un sacrificio y que las dietas deben ser extremas para funcionar. ¡Esto es completamente falso! El ejercicio físico va más allá de un sacrificio, ya que nos brinda vitalidad, energía, ganas de vivir y una razón para estar aquí. Nos hace sentir fuertes y, a nivel químico, se genera una fuerte liberación de dopamina y serotonina que, incluso, pueden volverse adictivas.

Como tu nutricionista y amigo, prefiero que se genere una adicción al ejercicio que a los dulces. Tanto el ejercicio como la dieta saludable, lejos de ser un castigo para el cuerpo, es un beneficio. Fuiste creado para moverte, para hacer actividad física y para sanar a través del ejercicio. Para comprender por qué consideras la dieta como algo negativo, es necesario que medites en el concepto que has creado al respecto y que, juntos, trabajemos en ello.

¿Qué relación tengo con el ejercicio y con las dietas? ¿Qué significado tienen para mí? ¿Qué tipo de ejercicio me gustaría practicar y por qué?

I FASE: IDENTIFICACIÓN

Responde las siguientes preguntas, sin importar si es posible o no lograr una disciplina al respecto. Solo quiero saber que tu inconsciente entiende que el ejercicio es algo que sí le puede gustar, y te animo, a partir de hoy, a moverte un poco más que antes.

20 LO QUE NO SE MUEVE SE ESTANCA

Este día viene con una instrucción clara y clave: a partir de hoy, vamos a movernos más.

Creo que ya tienes la madurez necesaria y el conocimiento para entender que el ejercicio es una necesidad y un placer, más que un sacrificio.

Es probable que el primer pensamiento que tengas a la hora de pensar en mover tu cuerpo sea tu agenda; sin embargo, el tiempo no puede ser una excusa. Quiero que te organices y que de tus 24 horas del día, elijas programar un espacio para activar tu organismo y cuidar de ti. Esto es un compromiso real. ¡Mantente firme!

Escribe a continuación qué días de la semana te comprometes a hacer ejercicio y qué tipo de actividad realizarás. Sin importar cuál sea la actividad, vamos a movernos; el tiempo lo eliges tú.

Con que te muevas diez minutos más de lo que ya lo haces, estaré orgulloso de ti. Puedes ir aumentando el tiempo conforme te sientas más capacitado. ¡Anotemos y siéntete muy orgulloso porque lo estás logrando!

I FASE: IDENTIFICACIÓN

LUNES

MARTES

MIÉRCOLES

JUEVES

VIERNES

SÁBADO

DOMINGO

21 METAS CLARAS, FINES CORRECTOS

Si tienes en tus manos Más allá de las calorías, es porque tienes algunas expectativas de encontrar cambios y lograr metas relacionadas con tu autocuidado, alimentación y salud. Como lo hablamos anteriormente, cuando iniciamos procesos de transformación, es común dejarlos a la mitad. Para evitar que esto ocurra, vamos a convertir nuestros deseos en objetivos concretos.

La razón por la que la mayoría de las metas no se alcanzan es porque quedan en el ámbito de las expectativas. Para muchos de nosotros, generar una expectativa es fácil, pero comprometernos como adultos a lograr nuestro objetivo puede resultar más complicado.

Hacer realidad nuestras metas es difícil porque, a menudo, no estamos dispuestos a organizar ni a ordenar nuestras vidas en función de ellas. Por eso, vamos a convertir nuestras metas en una prioridad, de lo contrario, no es realmente nuestra meta y, por ende, no vamos a cumplirla.

Te reto a que escribas una lista de siete metas a corto, mediano y largo plazo relacionadas con tu autocuidado, alimentación y salud, y que anotes lo que implicaría lograr cada una de ellas.

I FASE: IDENTIFICACIÓN

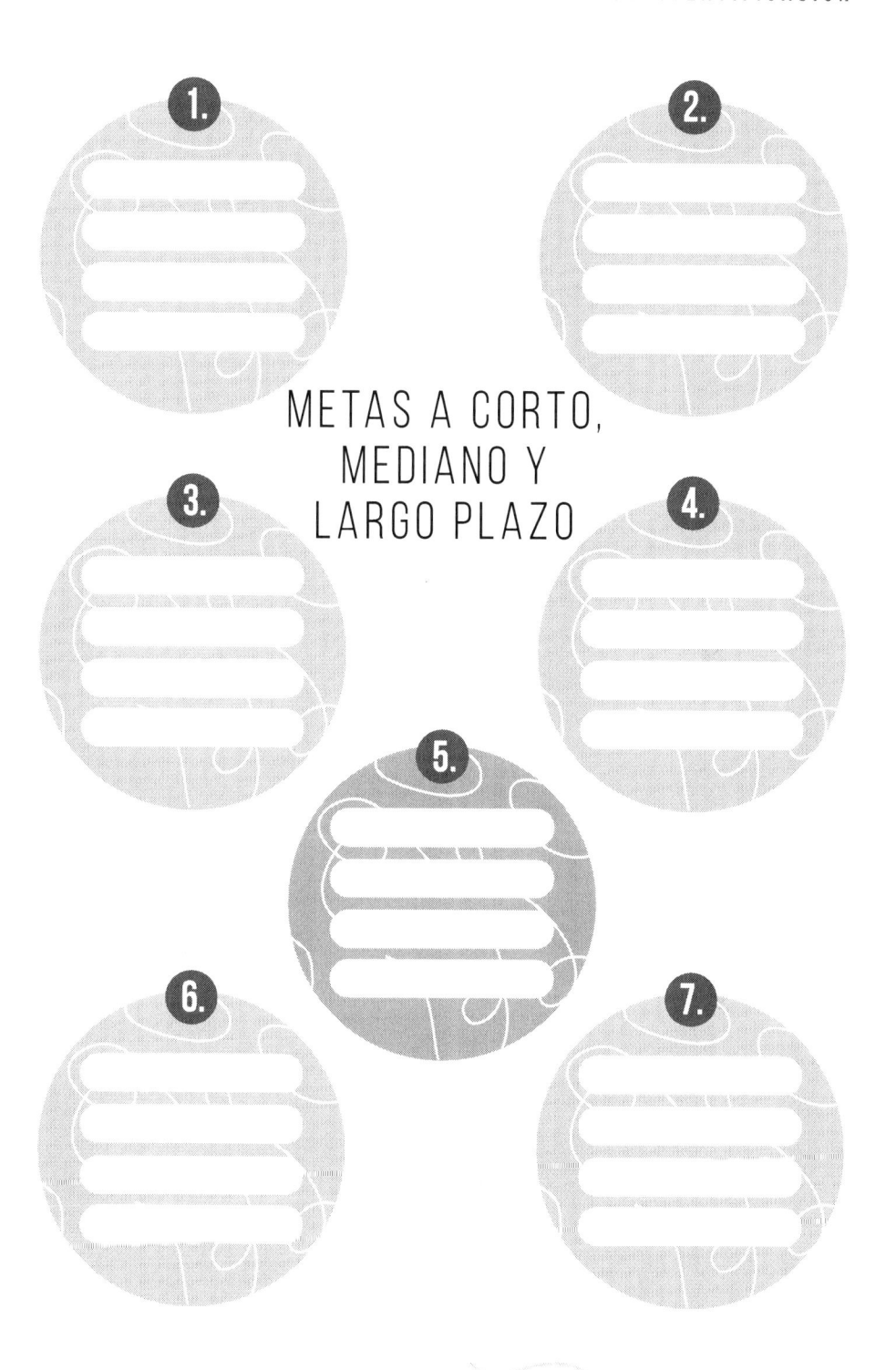

METAS A CORTO, MEDIANO Y LARGO PLAZO

22. LA CULPA ES DEL "NUTRI"

Quienes han buscado ayuda para lograr un cambio de hábitos, a menudo asumen que si no logran resultados, la culpa es del nutricionista. Pero ¿es esto verdad? ¿Realmente es culpa de los demás cuando no alcanzas las metas que te propones?

Yo soy del tipo de personas que cree que no podemos seguir responsabilizando a los demás de lo que no se hace bien. Haz un recuento de cuántos intentos has hecho y evalúa cuál de todos lo hiciste a conciencia. En lugar de buscar culpables, pregúntate qué dejaste de hacer, o si realmente necesitas un nutricionista en lugar de un psicólogo. Puede ser que estés tocando la puerta equivocada, y eso te conducirá a la frustración.

No se trata de buscar uno u otro experto, sino de seguir las instrucciones y generar cambios significativos.

Haz un recuento de los nutricionistas a los que hayas ido o sigas en redes sociales y aplica al menos un 80 % de lo que entiendes. Anótalo y ponlo en práctica a diario. Deja de responsabilizar a los demás por lo que no haces, y será más fácil porque todo dependerá de ti.

Escribe cinco recomendaciones clave de los nutricionistas a los que sigues en redes sociales o que encuentras en tus libros en casa.

I FASE: IDENTIFICACIÓN

A partir de hoy, decide incorporar estas recomendaciones a tu vida diaria.

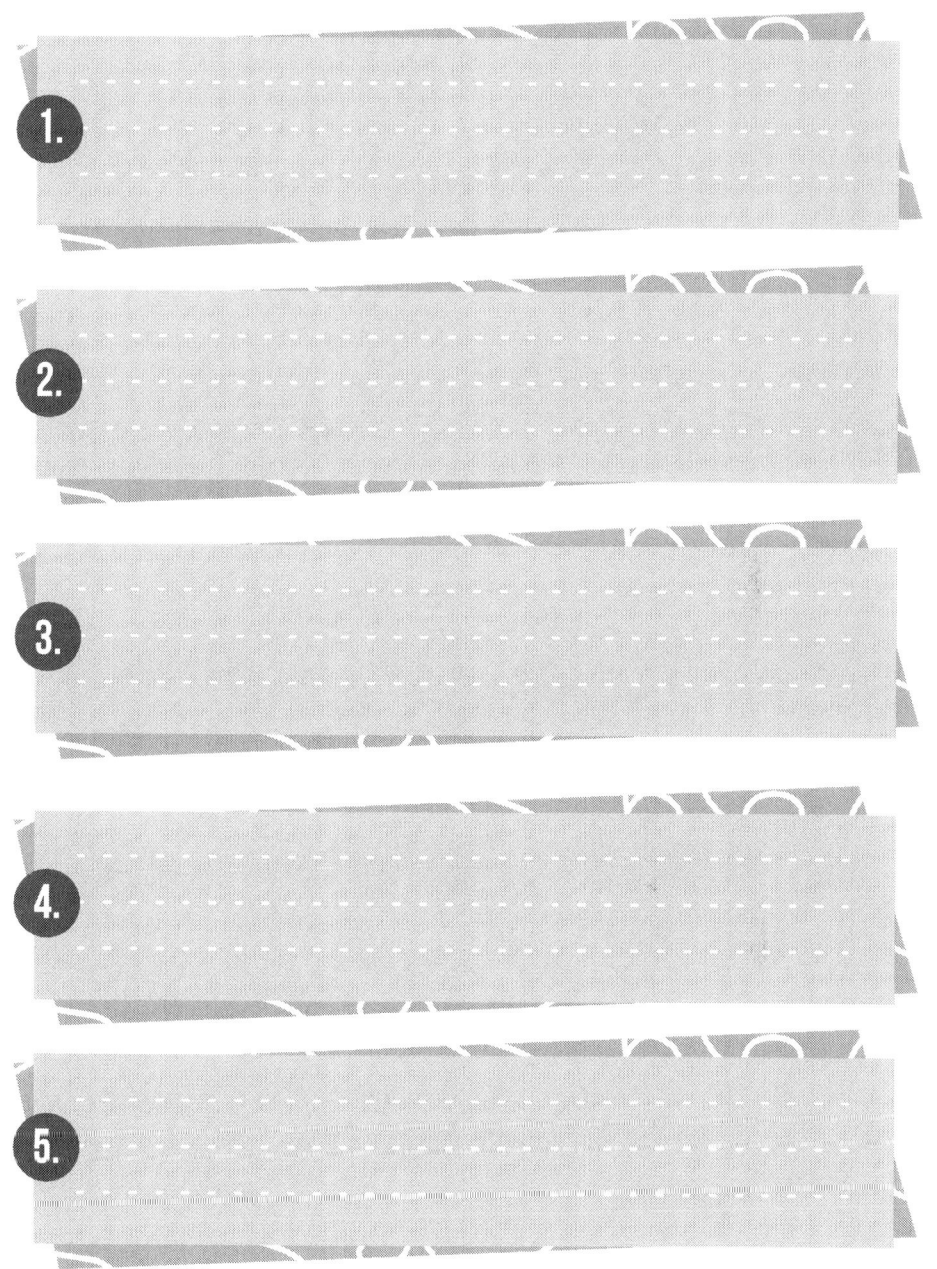

1.

2.

3.

4.

5.

23. LA CLAVE ESTÁ EN QUERER, NO EN NECESITAR

Muchos estudios demuestran que la forma en que hablamos influye en cómo nuestro cerebro percibe las necesidades. Socialmente, hemos trivializado la palabra necesito, haciéndola parecer algo superficial. Sin embargo, el cerebro realmente interpreta estas expresiones como verdaderas necesidades.

Déjame darte un ejemplo de lo que te estoy hablando: podemos identificar que evidentemente necesitas respirar para vivir, pero no necesitas dulces. Lo correcto es que solo quieres comer un helado, pero no lo necesitas para continuar vivo. Es fundamental dejar de normalizar el uso del término necesito para deseos no esenciales, como es el caso de los dulces.

A partir de ahora, reserva la palabra necesito únicamente para necesidades verdaderas. De esta manera, tu cerebro encontrará más fácil decir "no" a un simple deseo que a una necesidad genuina. Esto te ayudará a comer sin culpa, ya que reflexionarás si realmente vale la pena satisfacer una necesidad versus un simple antojo, evitando así malos hábitos alimentarios.

I FASE: IDENTIFICACIÓN

Escribe tres ejemplos de ocasiones en las que has utilizado la palabra necesito para referirte a algo que, en realidad, no era imprescindible. Asimismo, decide que, a partir de hoy, cambiarás tu manera de comunicarte, para ayudar a tu cerebro a identificar lo que verdaderamente es vital.

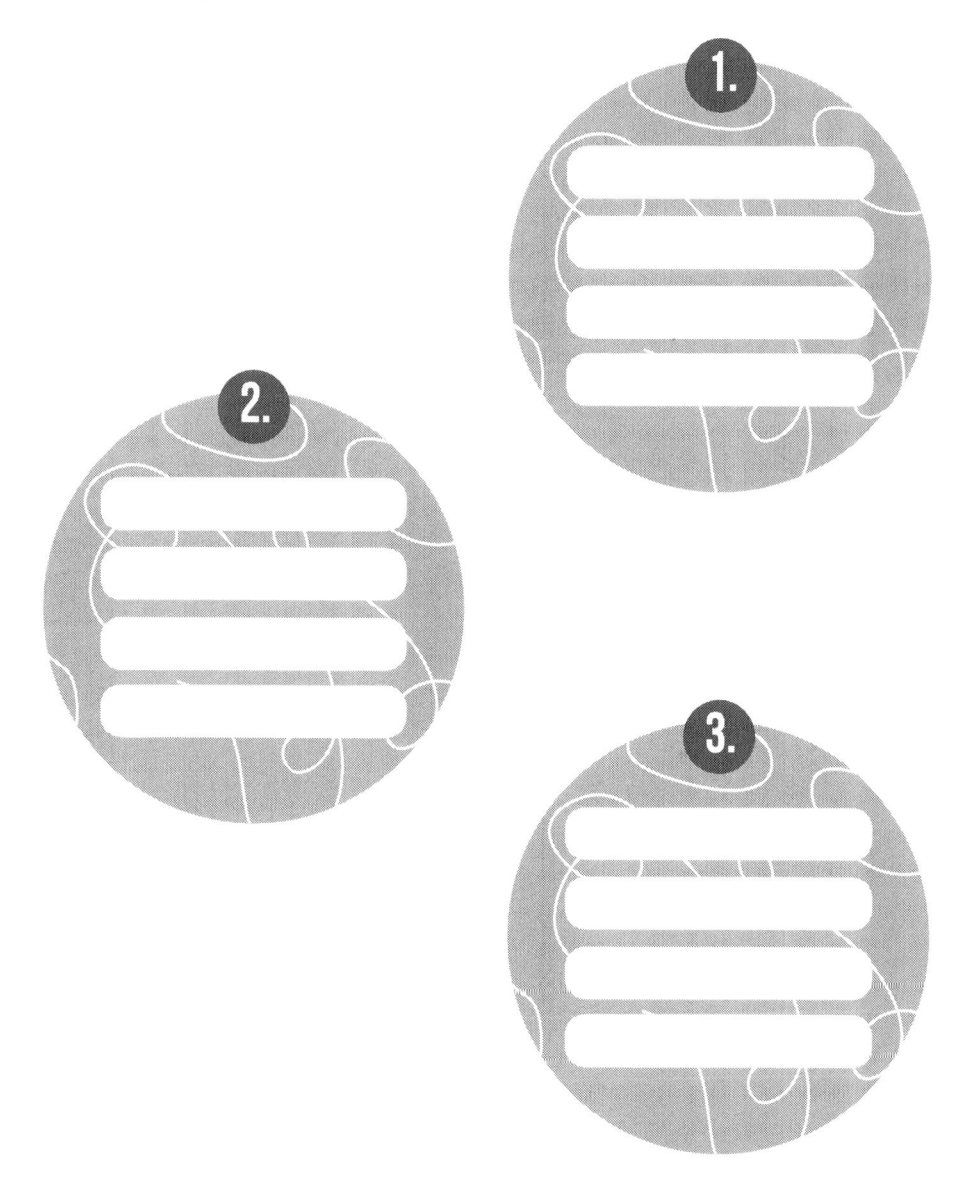

1.

2.

3.

24 CUIDADO CON TU DIÁLOGO INTERNO

El diálogo interno es la voz que nos acompaña diariamente en nuestra vida. Por eso, puede considerarse como nuestro mejor amigo o nuestro peor enemigo, todo depende de nosotros. ¿Qué sucedería si esa voz interna nos enviara mensajes positivos y nos tratara con más empatía cuando cometemos errores? Estoy seguro de que nuestra vida cambiaría para mejor.

Fomentar ese diálogo positivo en nuestra mente es completamente gratuito y beneficioso. A partir de hoy, vamos a empezar a trabajar en ello.

¿Cómo puedes fortalecer tu diálogo interno? Comienza por decirte a ti mismo todos los días que eres una persona valiosa y valiente, digna de ser conocida. Repite estas palabras de aliento en cada situación del día. No será fácil, ya que estamos tratando de cambiar una conducta arraigada por años, pero si persistes, lo lograrás. ¡No te canses de hacer el bien!

Las afirmaciones son frases sencillas que podemos repetir durante el día y nos ayudan a afianzar nuestra seguridad en los objetivos que buscamos. Haz una pequeña lista de siete afirmaciones que te hagan sentir fuerte y capaz.

I FASE: IDENTIFICACIÓN

Incorpóralas a tu rutina, repitiéndolas frente al espejo o durante tu baño. Te aseguro que después de un tiempo, se convertirán en automáticas.

AFIRMACIONES

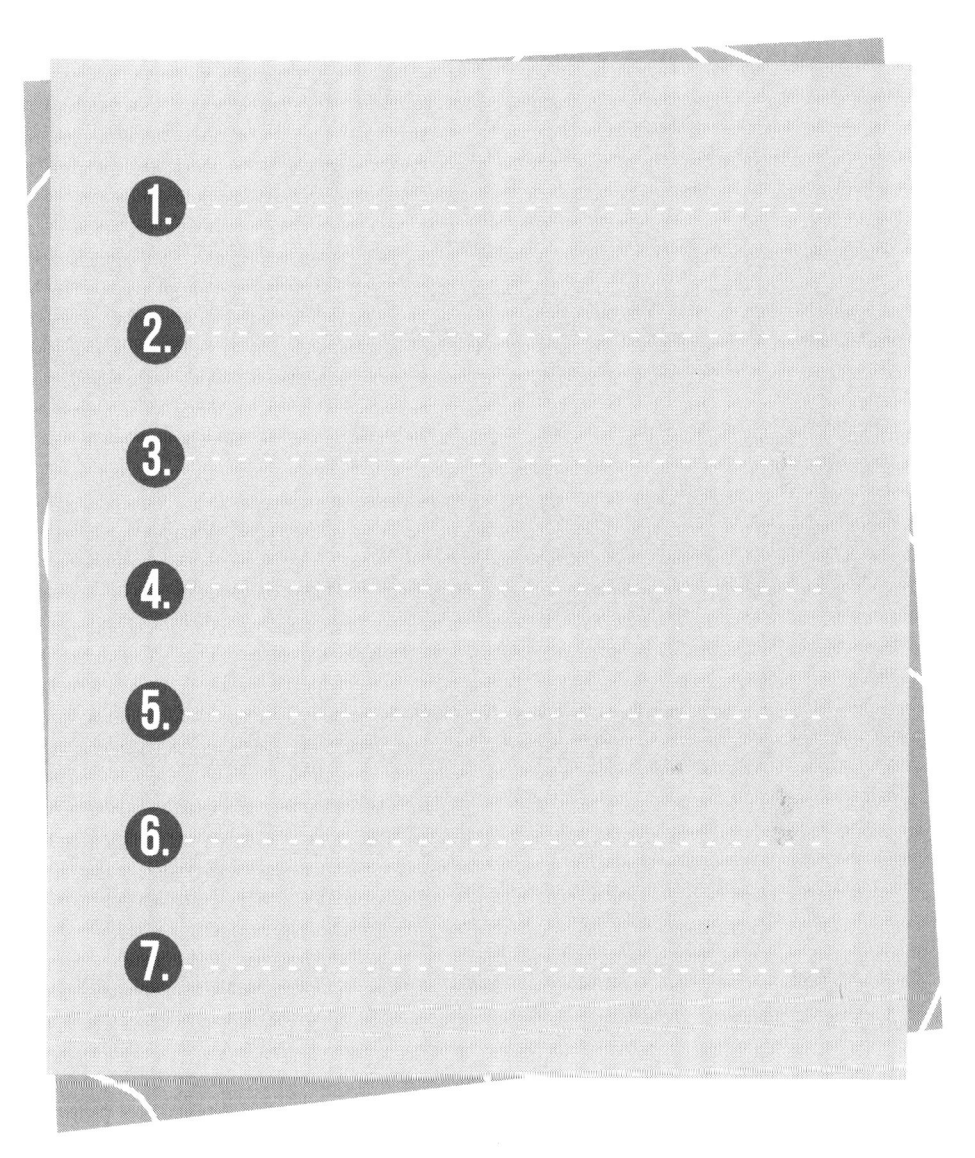

1.
2.
3.
4.
5.
6.
7.

NO OPINES DEL CUERPO DE LOS DEMÁS

Así como hemos podido identificar el daño que nos han causado las palabras de los demás, también quiero que nos enfoquemos en el impacto que nuestras palabras tienen sobre otras personas. Por eso, el reto para el día de hoy es abstenernos de opinar sobre el cuerpo de los demás.

Esta tarea puede resultar bastante difícil, ya que es algo que la sociedad nos ha enseñado desde pequeños y que hemos normalizado a lo largo del tiempo, hasta el punto de convertirlo en una parte de nuestra rutina diaria.

Sin embargo, lamento decirte que esta práctica es autodestructiva. En lugar de sumar, resta, puesto que al criticar el cuerpo de otra persona, lo único que haces es proyectar tus propias inseguridades en ellos. Además, con un comentario innecesario, estás dañando la autoestima de alguien más.

Es momento de marcar la diferencia y mostrar empatía hacia nosotros mismos y hacia los demás.

Detalla una lista de al menos tres ocasiones en las que hayas criticado el cuerpo de alguien más. Luego, reflexiona sobre cómo te hace sentir esta práctica y anota de qué maneras podrías cambiar este comportamiento en el futuro, a fin de ser más empático y compasivo tanto contigo mismo como con los demás.

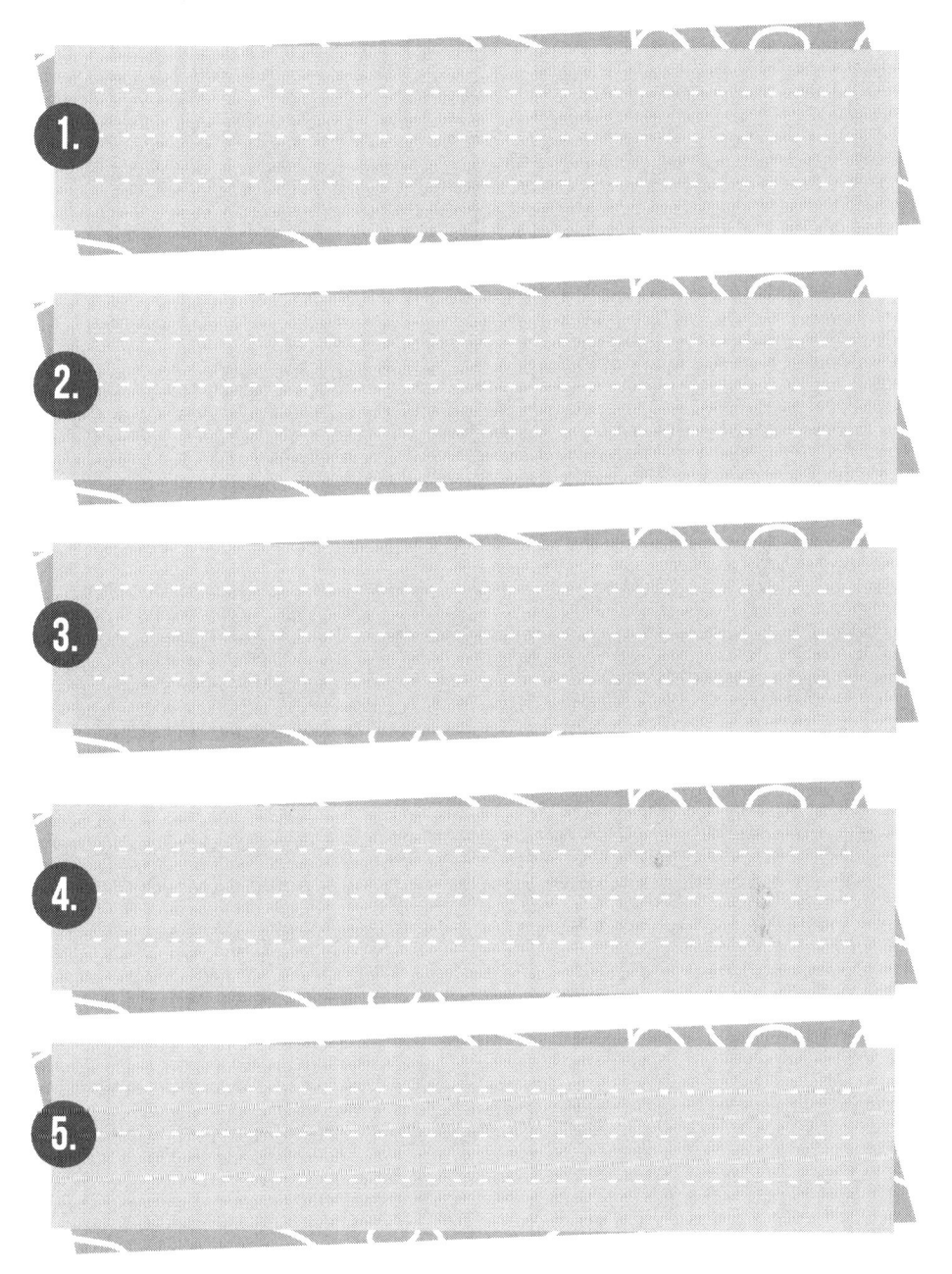

1.

2.

3.

4.

5.

26 SER CONSTANTE NO ES LO MISMO QUE SER PERFECTO

Suele suceder que cuando nos embarcamos en un proceso de pérdida de peso o cualquier otro desafío en la vida, tendemos a abandonarlo al sentir que no lo hacemos de manera perfecta. En mi experiencia personal, considero que esto es una excusa que nuestra mente utiliza para evitar enfrentarse a lo desconocido o salir de nuestra zona de confort.

La perfección, tal y como la conocemos, resulta inalcanzable. Es en los días difíciles o fallidos en los que realmente podemos aprender.

Aquellos que verdaderamente comprenden este proceso saben que no es fácil y que es normal cometer errores en el camino, ya que la vida no sigue una línea recta. Por lo tanto, ¿por qué esperar que un proceso de pérdida de peso, aumento de masa muscular o de cualquier otro tipo sea perfecto?

Haz una breve reflexión escrita en la que describes lo que te acabo de compartir, pero en tus propias palabras, con el fin de que interiorices la idea de manera más personal. De esta forma, podrás convertirte

I FASE: IDENTIFICACIÓN

en una persona firme en tus resultados, entendiendo que nada ni nadie es perfecto.

27 SER FELIZ ES GRATIS

Es momento de priorizar la felicidad, dejando atrás las cadenas y los dolores que nos limitan. A menudo, nos abstenemos de adquirir cosas por falta de presupuesto o por evitar gastos innecesarios, pero quiero recordarte que la felicidad es un recurso gratuito. Es el momento de adoptar la felicidad como un estilo de vida.

La alimentación y la felicidad están relacionadas. Si eres feliz vas a ver la alimentación como un complemento, no como la forma de llenar tus vacíos emocionales y caer en actitudes de inconsciencia hacia ti mismo.

La alimentación consciente requiere de amor y comprensión. A lo largo de la vida, habrá momentos de flexibilidad y otros de rigidez, el secreto está en el equilibrio. Recuerda que, incluso en tus peores momentos, no estás solo. Mañana amanecerá, y tendrás una nueva oportunidad para enfrentar los desafíos con determinación.

Haz una lista de cosas que te recuerden por qué tu vida es feliz y repásala cada vez que necesites levantar el ánimo o cuando no te sientas en tu mejor momento.

I FASE: IDENTIFICACIÓN

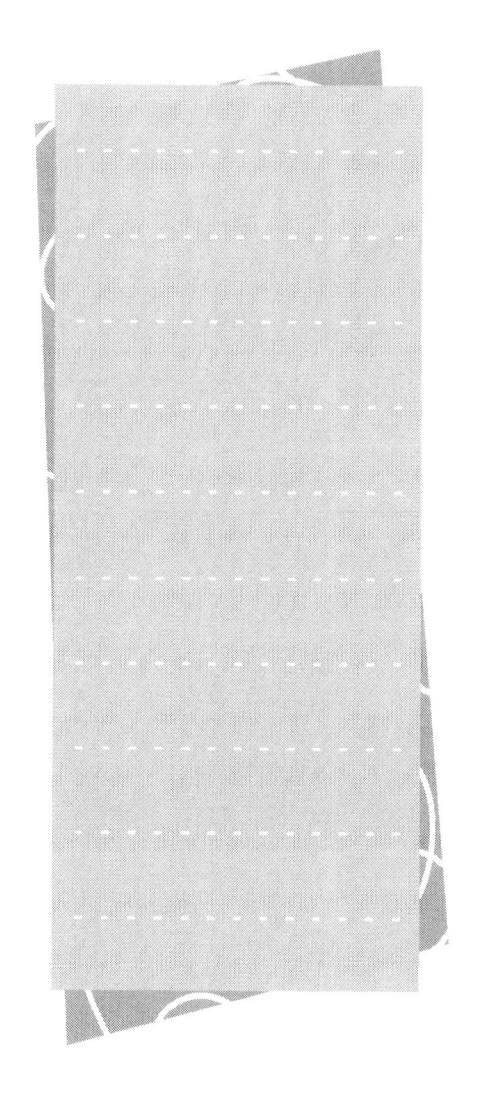

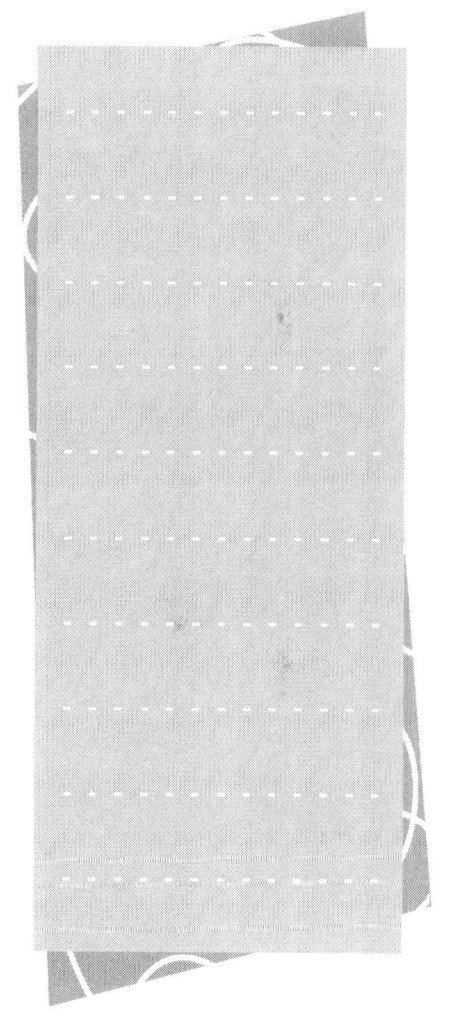

28 RESPIRA CON CONCIENCIA

La respiración es el alimento de nuestros pulmones. Oxigena nuestra sangre, da fuerza a nuestro cerebro y permite que todo nuestro organismo trabaje correctamente. Cuando pasamos por momentos difíciles o de ansiedad, nuestro ritmo al respirar cambia, afectando nuestro equilibrio e incluso produciendo sensaciones que, en vez de ayudar, detienen nuestro cuerpo.

El desafío radica en que, normalmente, respiramos de manera inconsciente, por lo que necesitamos hacerlo con plena conciencia para comprender el placer y la tranquilidad que puede proporcionarnos.

Recuerda que respirar de forma profunda y consciente genera un estado de calma. Es un proceso fácil y gratuito. ¡Anímate! Respira profundamente y enfócate en algo que te brinde sensaciones de alegría y paz.

Anota el nombre de cinco personas o situaciones que te generan una sensación de paz, amor y alegría. Pensando en ellas, haz un ejercicio de respiración consciente y observa tu cuerpo cuando recibe el aire, lo sostiene y luego lo espira. Nota con especial atención el movimiento de tu cuerpo, la distensión de tus pulmones, la claridad de tu mente al

I FASE: IDENTIFICACIÓN

recibir más oxigenación y el cambio en tu estado de ánimo. Practica este ejercicio al menos una vez al día o, incluso, en cada espacio libre que tengas.

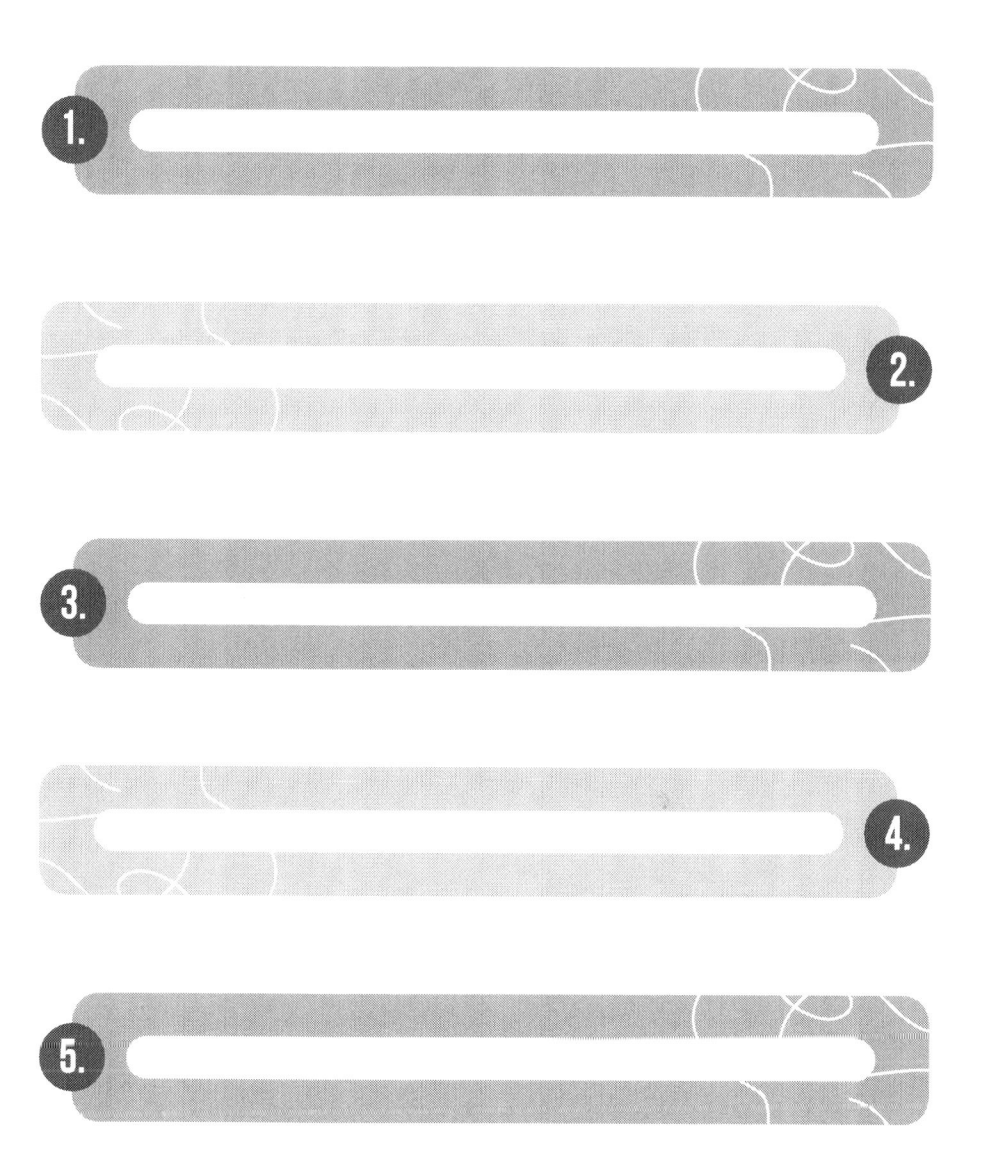

1.

2.

3.

4.

5.

29 ¿QUÉ HAGO SI NO SIENTO MOTIVACIÓN PARA CONTINUAR?

Cuando nos sentimos motivados y felices por los cambios que percibimos, el trayecto se hace más fácil. Pero ¿qué sucede en los días menos motivadores? ¿Cómo enfrentamos esos momentos en los que la energía parece disminuir o surgen contratiempos que nos desaniman?

La realidad es que la mayoría de las personas que intentan bajar de peso son muy emocionales y logran mantenerse en el proceso solo mientras dura su motivación inicial. Por eso, vamos a trabajar en un cambio de mentalidad, para comprender que este proceso es de por vida, no solo por unos meses.

Castigarse a uno mismo por los procesos que dejamos a medias, en especial al implementar un cambio de hábitos, nunca es una solución saludable ni sostenible. Al fin y al cabo, si el proceso es para siempre, es fundamental adoptar estrategias de autocompasión y perseverancia.

Escríbete una carta a ti mismo desde el futuro y narra cómo te sientes al haber mantenido tus hábitos saludables a lo largo del tiempo, incluso en los momentos de desafío. Detalla cómo te ves, cómo te sientes y

I FASE: IDENTIFICACIÓN

qué logros has alcanzado gracias a tu perseverancia. Al escribir esta carta, imagina que ya has superado los obstáculos y estás disfrutando de los beneficios de un estilo de vida saludable. Esto te ayudará a visualizar tus metas de manera más concreta y te motivará a seguir adelante.

CARTA A MI MISMO DESDE EL FUTURO

30 ACEPTA QUE NO PUEDES CONTROLARLO TODO

Vivimos en un mundo de alta presión donde es imposible mantener todo bajo nuestro control. Sumado a los problemas adicionales del día a día, todo puede salirse de control y llevarnos a enfermar o, peor aún, a enfrentar ataques de ansiedad o de pánico. Estos ataques ocurren cuando el cerebro se ve expuesto constantemente a situaciones o conflictos que no puede manejar. Por esta razón, es importante aprender a no tratar de controlarlo todo y aceptar que está bien que así sea.

Al elegir una alimentación saludable y un estilo de vida consciente, es probable que las situaciones no sucedan como las imaginamos en un principio. Es necesario que te prepares para ello y decidas continuar a pesar de la resistencia. Por tanto, quiero preguntarte: ¿qué necesitas soltar el día de hoy? No permitamos que los problemas o las situaciones que no podemos controlar arruinen momentos de nuestras vidas. ¡Confiar en el proceso y ser flexibles nos conducirán a avanzar en nuestros propósitos!

Escribe a continuación personas, situaciones o escenarios de los que sabes que necesitas soltar el control y que, en este momento, te están lastimando al cargar con lo que no te corresponde o no puedes controlar.

I FASE: IDENTIFICACIÓN

FASE II: SOLUCIONA

HECHOS EN ACCIÓN: LOS RESULTADOS RÁPIDOS SON LOS MÁS ENGAÑOSOS

Mi proceso comenzó hace más de diez años. Me encontraba trabajando en el Área de Finanzas y Empresarial, y estaba buscando a alguien que me pudiera apoyar en una conferencia que aportara a mis compañeros información para cuidar nuestra mente y cuerpo, con el fin de lograr un mejor rendimiento laboral. Me refirieron con el Dr. Greivin López, y fue tan exitosa la charla que al año siguiente volví a tener un espacio de aprendizaje.

Esa segunda charla fue sobre nutrición, y, tiempo después, decidí comenzar un plan de alimentación saludable, ya que, en el pasado, había tenido dificultades para encontrar a un buen entrenador o nutricionista. Cuando me mandó el plan, recuerdo que mi familia decía que no iba a funcionar, pero a los cinco días, ya había bajado cinco kilos. Ha sido un proceso muy duro y he caído muchas veces, pero siempre el doctor ha estado a mi lado.

Yo no tenía disciplina, pues me tomaba todo como un vacilón: bajaba dos kilos y subía cinco. Sin embargo, durante la pandemia, me vi obligada a cuidar de mis hábitos desde la raíz. Aprendí a no sentir culpa por comer. Desde aquel momento hasta ahora, han sido mis años más exitosos. He tenido meses que no fueron los mejores, pero ese justamente es el secreto: el proceso no es lineal. He tenido que elegir la disciplina por encima de la motivación. No es un proceso sencillo, pero lo he logrado. Pasé de estar en 115 kilos a 60 kilos, y fue tanta la motivación que este año comencé mi carrera de Nutrición. Es *algo que nunca me imaginé que haría; sin embargo, me he enamorado tanto del proceso, que tengo la responsabilidad y, sobre todo, las ganas de ayudar a otras personas que pasan por lo que yo atravesé. Quiero decirles que no es necesario morirse de hambre, ni consumir pastillas milagrosas, sino que se necesita disciplina, determinación y ganas de salir de donde uno está.*

Amo al Dr. Greivin con toda mi vida. Le agradezco por creer en mí cuando ni siquiera mi familia, ni yo misma, creía que fuera posible. Ha sido de inspiración para mí, y espero el día en el que pueda llamarlo "colega".

Karla Zúñiga

31. LO QUE NO MIDES, NO SE EVIDENCIA

Identificar las áreas de crecimiento es fundamental a la hora de continuar la jornada. Estoy muy orgulloso de compartir contigo este proceso y verte crecer, no solo en tus hábitos, sino también en tu experiencia como adulto y en tu camino al éxito.

Por ello, te invito a que hagas una autoevaluación de tu compromiso con la alimentación consciente. Anota los elementos a mejorar y las áreas en las que has observado cambios. Incluso, haz anotaciones personales sobre los aspectos a tener en cuenta a partir de esta matriz DOFA.

La matriz DOFA se compone de:

D (Debilidades): Aspectos internos que obstaculizan tus metas.
O (Oportunidades): Factores externos favorables para tu éxito.
F (Fortalezas): Tus aspectos positivos y recursos internos.
A (Amenazas): Situaciones externas que pueden obstaculizar tus objetivos.

FASE II: SOLUCIONA

Evalúa tu proceso con esta herramienta y envíame una foto a mis redes sociales para que podamos hablar al respecto y seguir animándote en el camino. ¡Lo estás haciendo muy bien!

D (DEBILIDADES)	**O** (OPORTUNIDADES)
D (DEBILIDADES)	**O** (OPORTUNIDADES)

32 EQUILIBRA TUS PORCIONES

Un gran porcentaje de personas ingieren más comida de la que realmente necesitan. Esto sucede por diversos factores, como el manejo emocional, la sensación de hambre gracias a la cultura alimentaria, la disponibilidad de alimentos, el marketing e incluso el uso del celular o distractores a la hora de la comida.

Para poder abordar esta problemática, necesitas cambiar tu mentalidad. ¡Sé intencional y consciente a la hora de ingerir los alimentos! Come con calma, saborea, respira y dale la oportunidad a tu cuerpo de disfrutar cada bocado.

Elabora una lista de todas las comidas, ya sean porciones grandes o pequeñas, que consumes durante el día. Observa tu cuerpo y tu mente a la hora de ingerir los alimentos. ¿Disfrutaste cada bocado? ¿Comiste de manera inconsciente? Anota los detalles y procura hacer de este ejercicio un hábito.

Como reto adicional, te animo a que comiences a disminuir un 10 % de la comida que ingieres normalmente. ¡Es un compromiso contigo

FASE II: SOLUCIONA

mismo! De hecho, te dejo este espacio para que lo escribas y, a partir de hoy, des este gran paso hacia tu salud y bienestar.

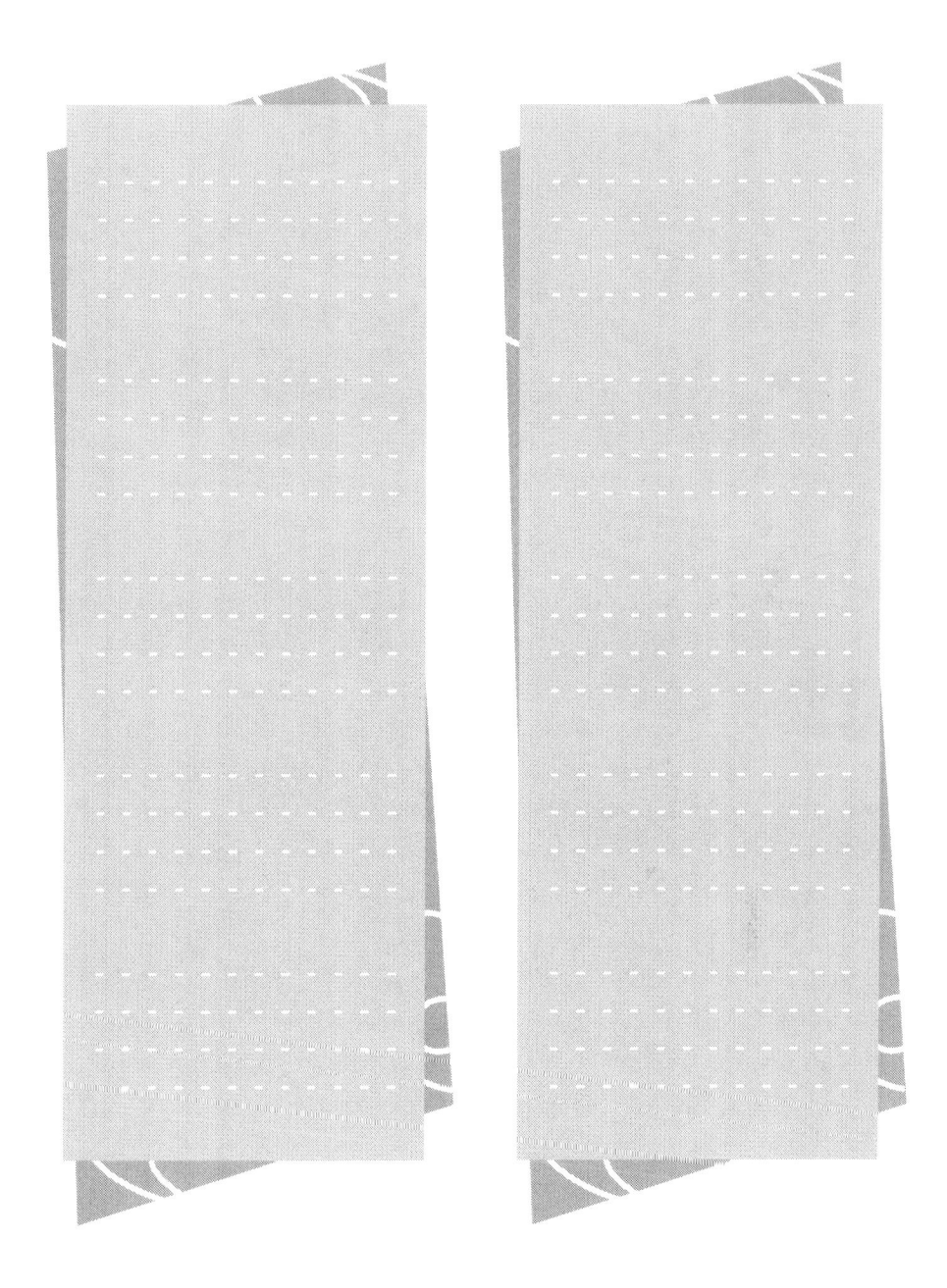

33 APRENDE EL ARTE DE DECIR "NO"

Quien evita decir "no" para mantener la paz con los demás desencadena una guerra interna consigo mismo. Aprender a establecer límites es todo un arte. A menudo, nos sentimos obligados a decir "sí" a todo por el deseo de ser aceptados. Por el bien de nuestra salud y de nuestra paz mental, la renuncia a la constante aprobación de los demás es una prioridad.

En cuestiones de estilo de vida y de relaciones, saber decir que no es fundamental. Muchas personas no desean que alcances tus metas porque ellos mismos no lo han logrado. Reconozco que todos tenemos heridas de la infancia y que hemos aprendido a decir "sí" incluso cuando deberíamos decir "no", especialmente cuando se trata de nuestra propia felicidad. Muchos están dispuestos a sacrificar su propia alegría para complacer a los demás, lo cual puede causar un profundo dolor interno.

Hoy te invito a detenerte por un momento, a reflexionar sobre tu vida y a tomar conciencia de las ocasiones en las que has comido en exceso o has tomado decisiones que van en contra de tu bienestar por no saber decir que no. Es tiempo de comenzar a hacer las cosas de manera diferente ¡Sí, es posible!

FASE II: SOLUCIONA

Ayer, aprendimos a decir "no" a la ingesta excesiva de alimentos. Hoy vamos a ser más conscientes de cada compromiso que hacemos con los demás y con nosotros mismos. Escribe en las siguientes líneas dos compromisos a los que dijiste "sí" de manera automática y que no te generaron felicidad.

¿Qué pudiste haber hecho para evitar ese "sí" que no era necesario?

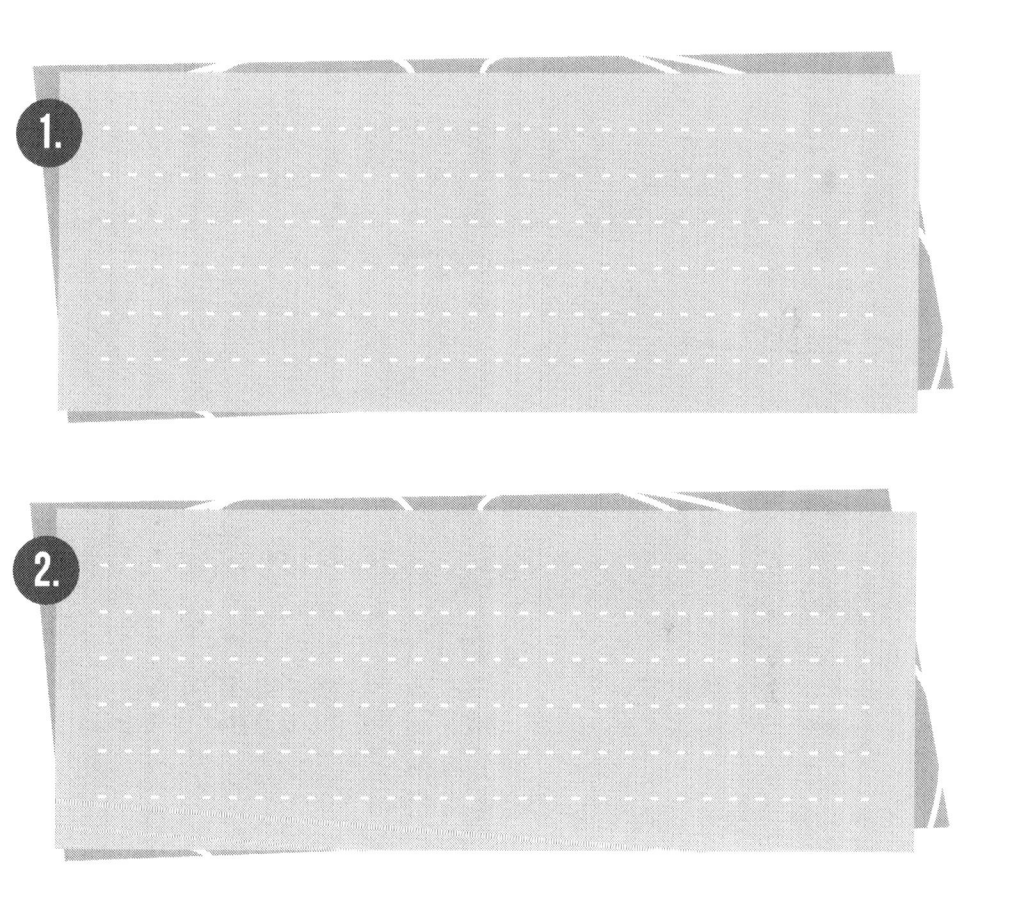

1.

2.

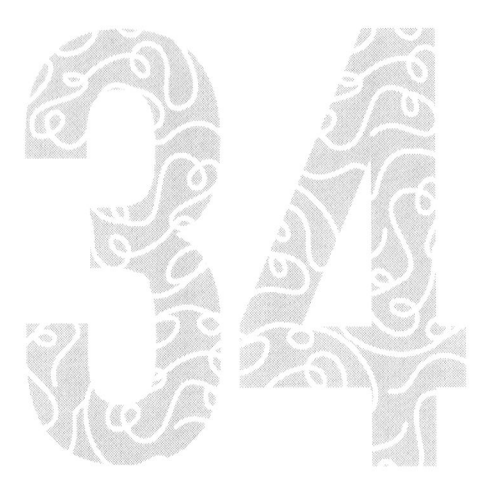

34 RODÉATE DE PERSONAS DE ACUERDO CON TUS OBJETIVOS

Lo que vamos a aprender hoy es fundamental para lograr un cambio significativo. Si te rodeas de cinco ganadores, serás el sexto ganador; pero si te rodeas de cinco perdedores, serás el sexto perdedor. Nadar contra la corriente y resistir la influencia de las personas puede resultar muy difícil.

Si tu verdadero objetivo hoy es transformar tu vida, es crucial analizar con quién te rodeas. Si no estás satisfecho con los resultados en tu vida personal, es posible que las influencias de las personas a tu alrededor tengan mucho que ver.

No estoy sugiriendo que la culpa recaiga en ellos, pero sí que es tu responsabilidad aprender la lección de elegir con sabiduría a las personas con las que te relacionas. Haz un análisis de las personas que te rodean y con quienes compartes tu tiempo. Considera si realmente te ayudarán a alcanzar tus objetivos deseados.

A menudo, para lograr con éxito nuestros objetivos, necesitamos desintoxicarnos de todo lo que nos rodea y centrarnos en lo que es importante para nosotros. La mayoría de las personas exitosas son

FASE II: SOLUCIONA

solitarias o buscan la compañía de aquellos que están por encima de ellos en sus metas. Esto se debe a que no muchos desean que alcancemos lo que ellos no pueden lograr. ¡Rodéate de personas exitosas que te impulsen hacia adelante!

Por otro lado, estar rodeado de personas que no apoyan tu proceso de transformación, que no tienen un estilo de vida saludable como meta y que buscan sabotear tus compromisos constituye una forma segura de obstaculizar tu progreso. Observa a tu alrededor: es posible que muchas de tus influencias actuales estén alejándote de tu propósito.

Haz una lista de cinco personas que te rodean y, al lado de cada una, evalúa si representan la influencia positiva que necesitas en este momento, para alcanzar tus objetivos de transformación y cambio de hábitos.

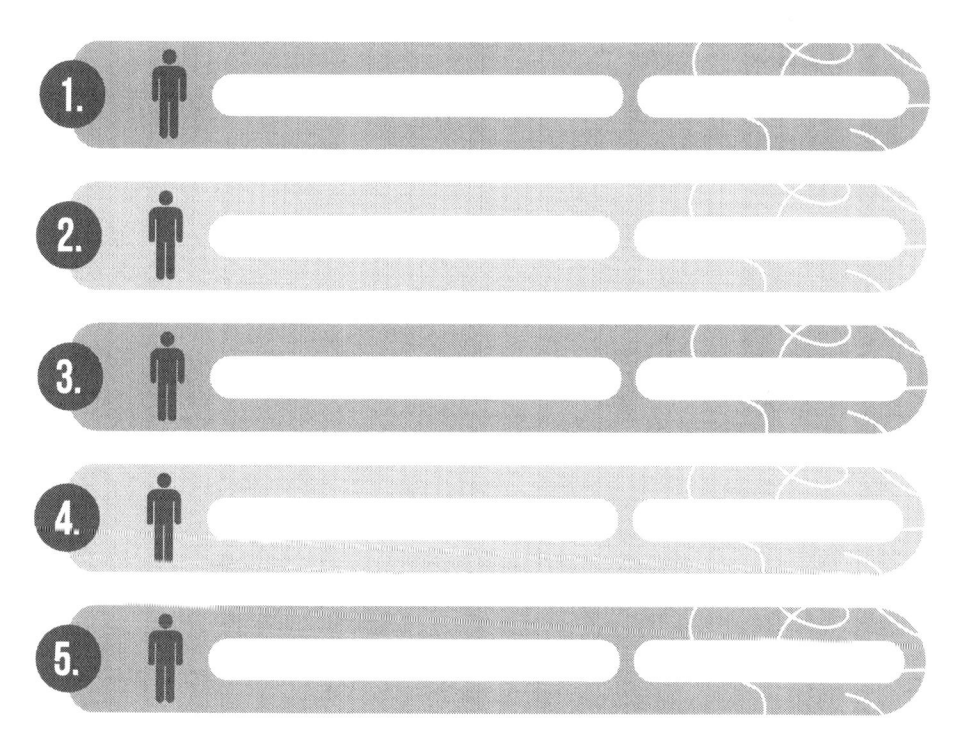

1.

2.

3.

4.

5.

35. LAS PERSONAS TÓXICAS

Hay personas que tienen el gran poder de llenarnos de estrés, dificultades y quejas. Te aseguro que muchas de ellas tienen problemas emocionales que necesitan ser trabajados de manera intencional y personal.

Aun así, no podemos dedicarnos a sanar a todos a nuestro alrededor, y menos a quienes no se dan cuenta de que necesitan ser sanados. Por lo tanto, alejarnos de aquellas personas que nos afectan negativamente es una decisión inteligente, puesto que su compañía nos llena de ansiedad, causándonos daño tanto a nivel psicológico como físico.

Hagamos un ejercicio: piensa en esas personas que te rodean y que con solo recordarlas, sentimos dolor, estrés e inquietud. Sabes de lo que hablo, ¿verdad? La buena noticia es que tenemos la capacidad de no permitir que estas personas nos afecten y de no darles poder sobre nosotros.

Con este libro, estás aprendiendo a tomar el control de tu vida. Por eso te animo a que identifiques a las personas tóxicas que te rodean y te alejes de ellas, incluso si son familiares. Cuando tienen una influencia tóxica sobre nosotros, nos hace más daño que bien.

FASE II: SOLUCIONA

Establecer límites en nuestra vida es crucial. Esto nos ayudará a priorizarnos a nosotros mismos y alejarnos de aquellos que no suman a nuestro crecimiento. Si tienes que interactuar con ellos por obligación, no permitas que te lastimen nuevamente. No abras tu corazón a personas que sabes que te harán daño.

Una de las formas más importantes para lograrlo es aprender a priorizarse. Es decir, identificar lo que nos beneficia o no, y si no lo hace, alejarnos. Si no podemos alejarnos físicamente, intentemos un distanciamiento emocional, con el fin de que los demás no tengan la capacidad de entrar e intervenir en nuestra vida más allá de lo que realmente deben ir. Es una forma saludable de ser responsables afectivamente con lo que queremos, identificando con anticipación lo que nos hace daño.

Recuerda que tu bienestar físico y emocional está estrechamente ligado a tus hábitos alimentarios. Al alejarte de las personas tóxicas y establecer límites saludables, también estás abriendo espacio para adoptar prácticas alimentarias conscientes y positivas. Este es un paso importante en tu camino hacia la transformación personal, junto con el logro de tus objetivos de salud y bienestar.

Identifica quiénes son las personas tóxicas en tu entorno que necesitan que establezcas límites en tu interacción con ellas. Anota sus nombres y describe cómo puedes distanciarte para promover tu bienestar.

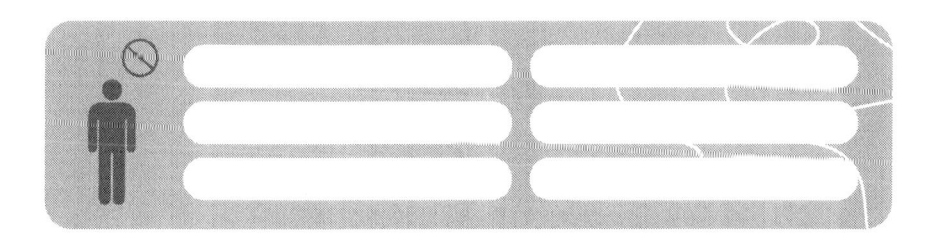

36 LAS PERSONAS VITAMINA

Así como existen las personas tóxicas, también existen las personas vitamina. Este término fue acuñado por Marian Rojas Estapé, quien utilizó esta expresión para referirse a las personas que tienen un impacto positivo en nuestras vidas. Son aquellas que nos inspiran, nos motivan y nos ayudan a crecer tanto en el ámbito personal como en el profesional.[1]

Las personas vitamina se pueden identificar fácilmente cuando atravesamos por malos momentos. Aunque pueda sonar extraño, son aquellas a las que no necesariamente recurrimos en los buenos momentos, pero que siempre están presentes para sostenernos en los momentos difíciles. Todos tenemos personas vitamina en nuestras vidas, e incluso las seguimos en las redes sociales. Estas personas deberían ser las primeras en saber acerca del cambio que estamos intentando lograr con la ayuda de este libro. Es importante expresarles nuestro agradecimiento y cariño. Una forma de hacerlo es anotar sus nombres en este libro y enviarles un mensaje de gratitud.

---

[1] Rojas Estapé, M. (2021). *Encuentra tu persona vitamina*. Barcelona: Espasa.

FASE II: SOLUCIONA

Las personas vitamina no solo son aquellas que nos acompañan, sino las que también nos brindan la energía necesaria para alcanzar nuestras metas. Rodearnos de personas como ellas es fundamental para continuar en nuestro camino de transformación.

¿Qué tipo de actitudes o cualidades en las personas te energizan? ¿Qué aspectos consideras fundamentales al elegir compañías que te inspiren y fortalezcan?

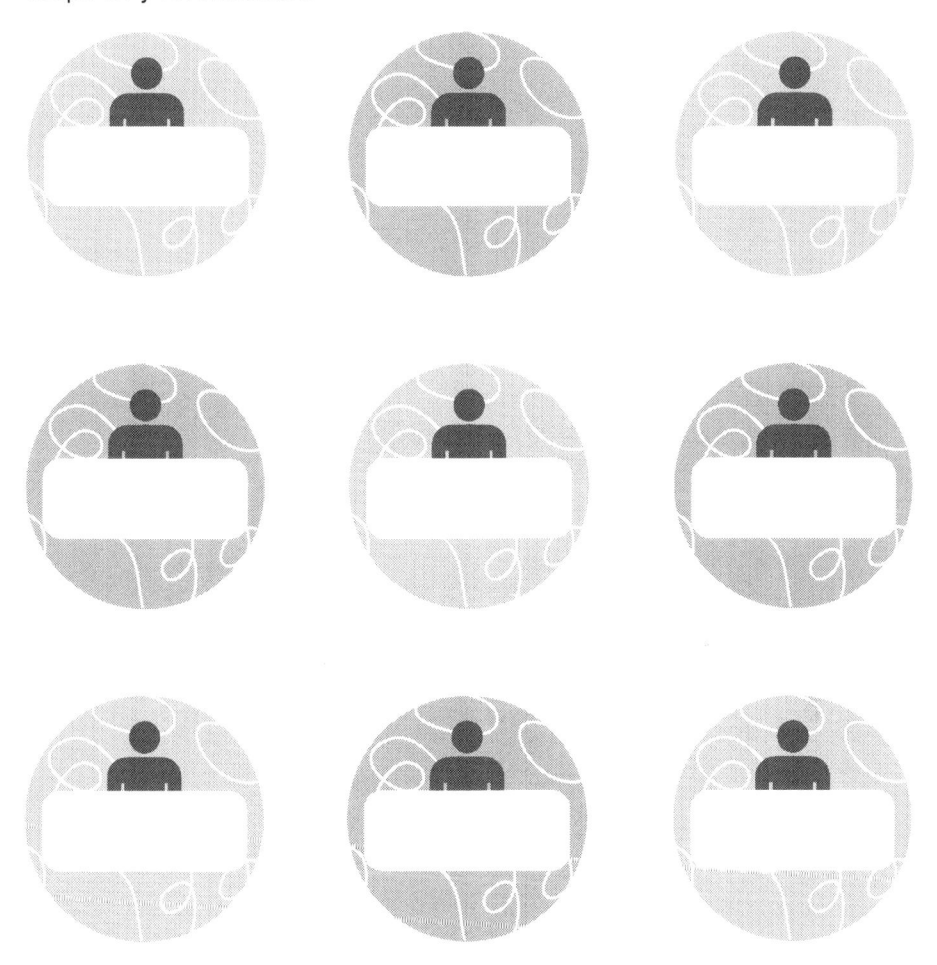

¿QUÉ HAGO SI FRACASO? ¿CÓMO COMBATO EL MIEDO A FALLAR EN MI TRANSFORMACIÓN?

El fracaso constituye una parte inevitable del éxito. Todos los logros llevan consigo una parte de fracaso en su inicio y proceso.

De niños, nos caíamos muchas veces, pero solo llorábamos en algunas ocasiones y seguíamos adelante. Sin embargo, como adultos, nos llenamos de pensamientos limitantes, lo que nos dificulta volver a levantarnos y aprender a valorar el fracaso. Si le diéramos valor al mismo, entenderíamos su importancia.

En mi experiencia, mis clientes exitosos no son aquellos que han perdido peso rápidamente, sino quienes han aprendido a ser fuertes después de cada tropiezo y han visto el fracaso como parte del proceso para mejorar.

Ahora te pregunto, ¿quién no ha fallado? El fracaso es parte de la vida cotidiana. Muchas veces, nos acostumbramos a vernos como perdedores en el tema del peso y, a menudo, no estamos preparados para enfrentar ese proceso. Por eso, buscamos renunciar ante el primer obstáculo. Pero aquellos que realmente desean lograrlo se convierten en ganadores en medio de sus fracasos.

FASE II: SOLUCIONA

A partir de hoy, no tengas miedo a fallar en este proceso. Simplemente, levántate y sigue adelante ¡Yo creo en ti!

Escribe tus principales logros de vida e identifica cuáles fueron los fracasos que te llevaron a tener como realidad esas metas.

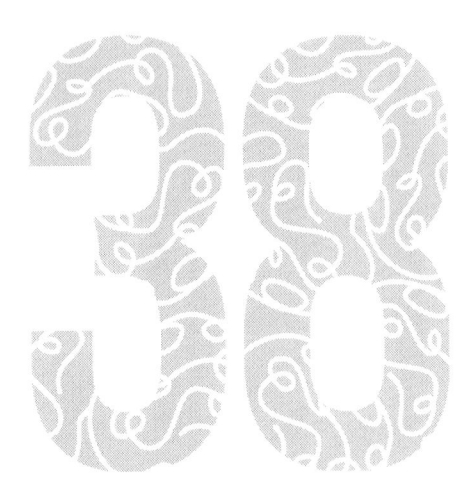

38. ADIÓS AL COMPLEJO DE BASURERO

Todos conocemos o quizás nos identificamos como una persona que tiene el complejo de basurero. El complejo de basurero es la típica persona que se come lo que queda o las sobras de los demás, incluso cuando ya han terminado su propia porción. Por lo general, esto se debe a que fuimos criados bajo muchas carencias y al estigma de no desperdiciar comida.

Es común escuchar frases como "Cómetelo todo porque hay niños en África que no tienen qué comer". Todos estos pensamientos al final terminan convirtiéndose en limitaciones mentales y creencias irracionales, ya que no es cierto que lo que sobra de la comida se vaya a enviar a África.

Por eso, la tarea para hoy es nunca más comer las sobras o los restos de comida, y entender que eso afecta nuestra salud física y emocional. Es mejor desperdiciar algo de comida que desperdiciar nuestra vida sintiéndonos mal por culpa de nuestras malas decisiones. Es el momento de generar un cambio total y radical. No más pensamientos limitantes. ¡Sé fuerte!

FASE II: SOLUCIONA

¿Qué tipo de frases te llevan a comer las sobras o más de la porción necesaria, incluso cuando tu cuerpo no te pide más alimentos? Identifica tres de ellas.

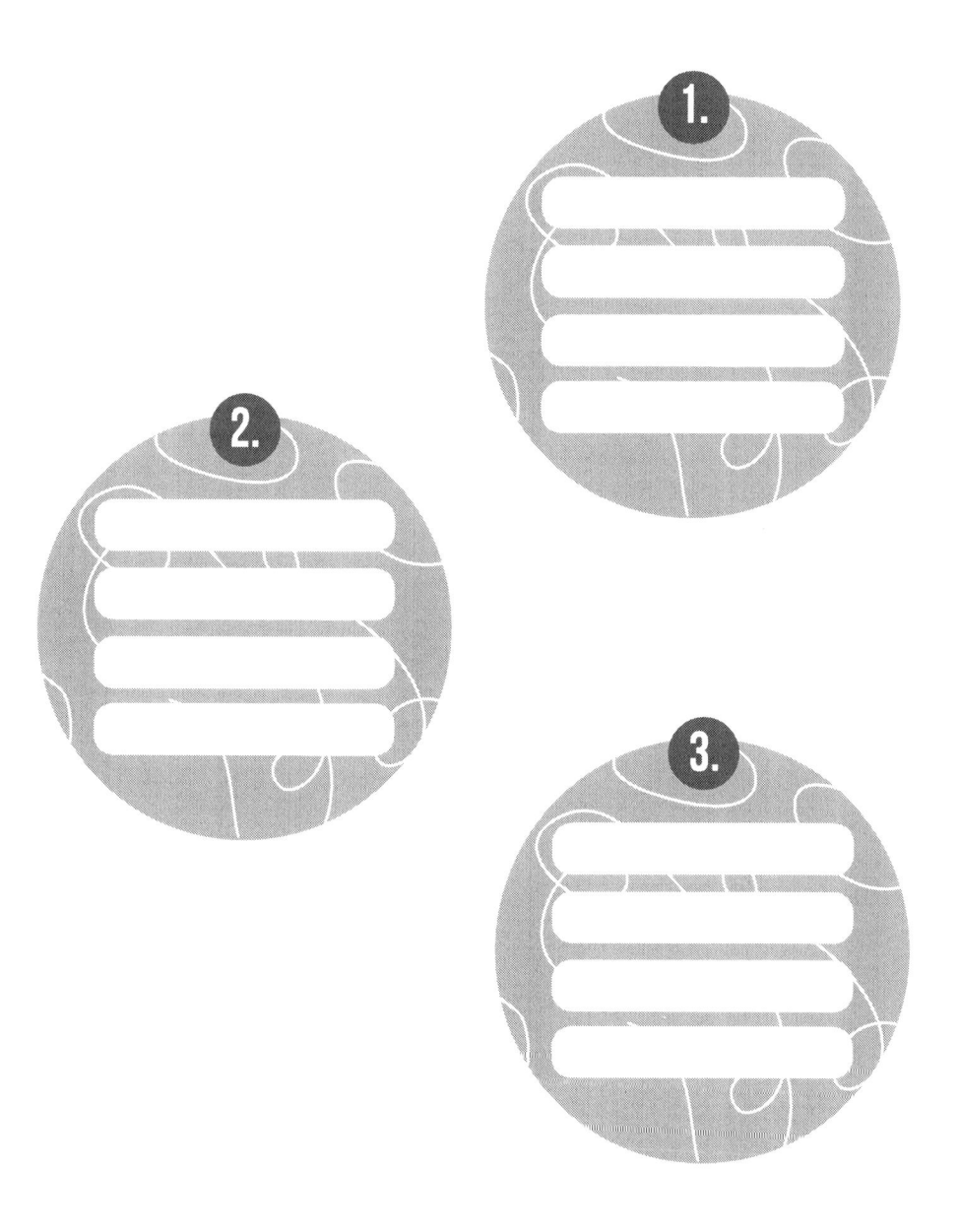

39 EL PROBLEMA RADICA EN EL EXCESO

Nos han inculcado la idea de que la comida es el problema en una vida saludable; pero ¿por qué algo que nos proporciona nutrientes, vitalidad y energía sería un problema?

La cultura nos ha llevado a culpar a los demás cuando algo sale mal, pero ¿y si realmente tomamos conciencia del verdadero trasfondo de las cosas? La comida no tiene control sobre nuestra mala educación o nuestros malos hábitos, ni es culpable de nuestra falta de autocontrol. Por lo tanto, debemos quitarle poder a la comida, pero para lograrlo, necesitamos entender la importancia de una alimentación consciente.

Hoy vamos a estructurar la importancia de cada nutriente para el ser humano y a centrarnos específicamente en las proteínas, los carbohidratos y las grasas. Esto nos ayudará a comprender las funciones correctas de cada alimento y a entender que el problema radica en el exceso.

Es hora de cambiar la concepción errónea que nos han inculcado desde pequeños sobre la comida. No convirtamos algo tan poderoso en un monstruo. Tú eres más fuerte de lo que crees. Sé que puede resultar incómodo al principio, pero es una incomodidad que te hará sentir feliz y fuerte en poco tiempo. Vale la pena intentarlo.

A continuación, escribe la importancia que tiene cada uno de estos nutrientes en nuestro cuerpo:

PROTEÍNAS:

CARBOHIDRATOS:

GRASAS:

HAZ DE LA FRUSTRACIÓN TU DETERMINACIÓN

En el proceso de transformación, es crucial identificar las frustraciones que surgen al enfrentar obstáculos. Todos tenemos nuestras propias batallas. A lo largo de mis años de experiencia, he escuchado muchas historias que, aunque algunas pueden parecer menos creíbles que otras, son significativas para entender cómo piensan y analizan las cosas las personas con sobrepeso.

Con el tiempo, he comprendido que muchas veces nos enseñaron a anticipar lo negativo y, por ende, carecemos de confianza tanto en los procesos como en nosotros mismos. A menudo, optamos por renunciar a lo que nos causa frustración en lugar de ajustar nuestras estrategias para lograr el bienestar y abordar la raíz del problema.

Por ejemplo, muchas personas encuentran fácil abandonar el gimnasio y el plan de alimentación cuando no ven resultados de inmediato, como si eso fuera la solución al problema. Sin embargo, no consideran que al hacerlo caen en un ciclo negativo en lugar de intensificar su entrenamiento o ajustar su dieta para acercarse a los resultados deseados.

Escribe en el siguiente cuadro las áreas de tu vida que pueden mejorar y las frustraciones que te impiden crecer. Identifica estos aspectos y

FASE II: SOLUCIONA

considera cómo puedes abordarlos de manera diferente, para iniciar cambios positivos en tu día a día.

41 ¿GENÉTICAMENTE COMPLICADO?

Como hemos mencionado anteriormente, a menudo buscamos responsables externos de nuestras circunstancias en lugar de asumir nuestra propia responsabilidad. La genética y la edad suelen ser factores que destacamos como limitantes para alcanzar nuestras metas en la vida.

En cuanto a la edad, aunque no profundizaré en este punto, estoy convencido de que no hay un límite de edad para alcanzar nuestros objetivos. Respecto a la genética, es un factor válido a considerar, pero no debe ser utilizado como excusa.

Hoy quiero enseñarte sobre los tres tipos de cuerpo que pueden ayudarnos a definir nuestro camino. Estos son: ectomorfo, mesomorfo y endomorfo. Los ectomorfos son personas delgadas en todas sus partes, los mesomorfos tienden a desarrollar músculo con facilidad, mientras que los endomorfos tienen la tendencia a ganar peso.

Conocer nuestro tipo de cuerpo es un apoyo en nuestra jornada y no debe limitarnos para llevar un estilo de vida saludable. Más bien, nos brinda una guía para establecer metas realistas de acuerdo con nuestra estructura genética. Una forma sencilla de identificar tu tipo de cuerpo es observando el grosor de tu muñeca. Si mide 15.8 cm o

FASE II: SOLUCIONA

menos, ectomorfa. Si mide 15.8-16.5 cm, mesomorfa; y por encima de 16.5 cm, endomorfa.[2] (Patton, 2021, p. 14)

Te animo a investigar más sobre este tema para determinar tu estructura y buscar modelos a seguir que sean saludables y se ajusten a tu tipo de cuerpo. Verás que cualquiera puede llevar una vida saludable si deja de lado las excusas.

Escribe a continuación qué tipo de cuerpo tienes y enumera las características asociadas con este tipo de cuerpo.

---

[2] Patton, K. T., PhD. (2021). *Estructura y función del cuerpo humano* (15.ª ed., p. 14). Barcelona: Elsevier.

MÁS ALLÁ DE LAS CALORÍAS

42 ¿CUÁL ES EL PESO IDEAL?

Desde mi experiencia, puedo decirte que el concepto de peso ideal es algo relativo. A menudo, se intenta determinar utilizando fórmulas desactualizadas de los años setenta, las cuales han demostrado ser poco útiles para representar nuestro verdadero peso ideal.

He llegado a la conclusión de que el peso ideal es aquel en el que realmente nos sentimos cómodos, siempre y cuando se mantenga dentro de los parámetros saludables y sostenibles. A fin de mantener una buena salud, es realmente importante tener una composición corporal adecuada, es decir, un porcentaje de grasa saludable y una masa muscular acorde a nuestra edad y estatura.

A menudo, nuestras mayores frustraciones provienen de no tener claridad sobre nuestros objetivos y de no saber cuánto estamos dispuestos a esforzarnos para alcanzarlos.

Identificar nuestra meta en cuanto al peso, puede ser más sencillo de lo que parece. Lo primero que debemos hacer es determinar cuál es el peso en el que nos sentimos realmente cómodos. Personalmente, me gusta mantenerme en un rango de peso entre 70 y 75 kilos. El peso corporal fluctúa día a día, según lo que comemos, si viajamos, si tomamos más agua o incluso debido a cambios hormonales. Por ello, es recomendable definir nuestro peso ideal determinando un rango de cinco kilos hacia arriba y hacia abajo, para que no nos estresemos si un día tenemos un par de kilos más o menos de lo habitual.

Te invito a que hagas una reflexión profunda sobre cuál es tu objetivo real, cuánto tiempo puedes dedicar para lograrlo y, lo más importante, cuánto estás dispuesto a sacrificar para alcanzar esa meta.

43 CÓMPRATE ROPA QUE TE GUSTE Y NO LA QUE TE QUEDE

En Spotify, tengo un pódcast llamado Regordimientos que presento en conjunto con Nathy Romano. En uno de los episodios, nuestra compañera compartió cómo lloró frente al espejo en un vestidor, puesto que no se sentía cómoda con la imagen que veía frente a ella.

Hoy te pregunto a ti: ¿cuántas veces has experimentado algo similar? ¿Te has sentido solo en ese cuarto lleno de espejos, donde tus ojos solo pueden ver defectos? Además, sumemos la frustración de pedir tallas y no encontrar nada que nos guste, no porque la ropa sea fea, sino porque sentimos que no nos queda bien.

Es momento de dejar de llorar en el vestidor, de comenzar a entender que esto depende de nosotros y que si realmente queremos alcanzar una meta, debemos luchar por ella con determinación. Debemos demostrar nuestras ganas de lograr un cambio y de ser diferentes, pero esto debe implicar un esfuerzo diario, no algo que dependa de resultados rápidos y fugaces. Aunque es cierto que muchos los obtienen, también es verdad que muchos los pueden perder fácilmente.

Lo primero que debemos comprender es que la aceptación comienza hoy. La ropa que llevamos puesta en este momento nos dignifica, pero

FASE II: SOLUCIONA

también podemos cambiarla si no nos sentimos cómodos con ella. La próxima vez que vayamos a comprar ropa, optemos por la que nos guste, no por la que nos quede.

Además, a partir de hoy, intentemos no aumentar de tallas, a menos que sea debido a problemas de salud; o patologías más graves; o una hermosa noticia, como un embarazo.
Aunque pueda doler, alguien tiene que decírtelo: una de las primeras razones para aceptar el sobrepeso es el aumento de las tallas. En lugar de aumentar tus tallas, aumenta tu constancia. ¡Haz ejercicio para evitar que esto suceda!

¿Qué determinación, en cuanto al ejercicio, decides tomar el día de hoy? Haz una retrospección de tu más reciente experiencia a la hora de vestirte. ¿Cómo te sentiste? ¿Qué pensaste al elegir las prendas que llevas puesta hoy? ¿Qué eliges hacer para mejorar tu autopercepción?

44 EL HAMBRE EMOCIONAL

Dentro del aprendizaje de la validación de nuestros sentimientos, necesitamos reconocer y aceptar las emociones que experimentamos: el dolor, la frustración, la angustia y la tristeza. Todos los seres humanos sentimos, y es natural experimentar una amplia gama de emociones, tanto positivas como negativas.

Estamos acostumbrados a validar únicamente las emociones que nos hacen sentir bien, aquellas que nos generan paz y felicidad. Sin embargo, la vida va más allá de la felicidad; también incluye momentos difíciles.

Tú y yo requerimos validarnos a nosotros mismos, darnos permiso para sentir dolor y tristeza, y no avergonzarnos por nuestras emociones. Incluso los superhéroes tienen miedo en ciertos momentos, pero lo importante es aprender a actuar a pesar de este, a no permitir que el temor nos paralice y a reconocer nuestra fortaleza interior.

Es común que aquellos que no reconocen ni validan sus emociones experimenten lo que se conoce como el hambre emocional. Este tipo de hambre surge cuando no hay claridad en las áreas emocionales de una persona, y en lugar de abordar y procesar sus sentimientos, recurren a la comida como una forma de satisfacer esas necesidades emocionales no satisfechas. Reconocer y enfrentar estas emociones de manera consciente es esencial para evitar caer en patrones de alimentación no saludables impulsados por el hambre emocional.

¿En qué ocasiones has recurrido a la comida para calmar un estado emocional? ¿Has comido por ansiedad cuando, en realidad, necesitabas gestionar tus emociones? Proporciona cinco ejemplos en los que hayas experimentado algo similar.

45 EL HAMBRE NO MATA

Seguramente, has escuchado la frase "Me muero de hambre". Te aseguro que es una expresión trillada que usamos sin realmente experimentar el hambre hasta ese extremo. El hambre es más que un simple vacío en el estómago; está asociada con emociones y sensaciones que no nos debilitarán tanto como para temerles.

Asume tu fortaleza frente al hambre. Aprender a lidiar con la ansiedad y la frustración cuando no podemos satisfacernos de inmediato es fundamental para alcanzar nuestros objetivos. Debemos empoderarnos y comprender que el hambre es solo un estado temporal que no nos derrotará. No pretendo fomentar trastornos alimentarios, pero tampoco debemos temerle al hambre. Somos capaces y merecemos reconocer nuestra valía.

Escribe una carta de empoderamiento dirigida al hambre, en la que afirmes tu dominio sobre ella y que no permitirás que te controle.

FASE II: SOLUCIONA

UNA CARTA DIRIGIDA AL HAMBRE

46 EL AZÚCAR NO ES TU AMIGO Y TAMPOCO TU ENEMIGO

Por mucho tiempo nos han hecho creer que el azúcar es nuestro aliado o nuestro enemigo. Sin embargo, hoy quiero decirles que no es ni una cosa ni la otra; es simplemente azúcar, un componente presente en muchos alimentos como bebidas, repostería y galletas, entre otros. Por esta razón, quiero que entiendas que no es necesario satanizarla, sino aprender a manejarla para establecer una relación equilibrada con ella.

Te sugiero que no la elimines por completo de tu dieta, pero que sí realices cambios pequeños con miras a grandes metas. El azúcar es altamente adictiva, incluso algunos estudios la comparan con la cocaína, lo que refleja su fuerte influencia en nuestras preferencias alimentarias. Esto no significa que debamos eliminarla por completo, sino hacer cambios que nos ayuden a sentir que tenemos el control sobre ella.

Te animo a realizarte un examen de laboratorio para medir tu nivel de glucosa en sangre. Esto te permitirá conocer tus valores actuales y establecer un punto de comparación para futuras evaluaciones, las cuales podrías realizar cada seis meses.

Los valores normales o anormales de glucosa en sangre pueden variar según los estándares médicos y las circunstancias individuales de cada persona. En general, los valores normales de glucosa en sangre, en ayunas, suelen estar entre 70 y 100 miligramos por decilitro (mg/dL). Sin embargo, estos valores pueden variar dependiendo de factores como la edad, el estado de salud, la presencia de condiciones médicas preexistentes y el momento en que se realiza la medición.

Si los resultados del examen de glucosa en sangre están por encima o por debajo de los rangos normales establecidos, se considera anormal y pueden indicar condiciones como diabetes, hipoglucemia u otros problemas de salud.

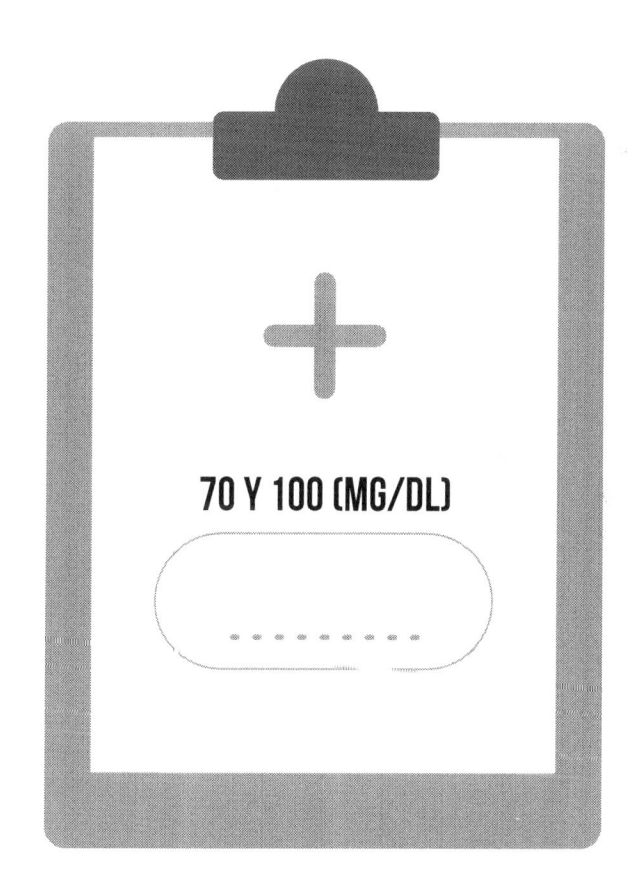

ASÍ VENCES TU ADICCIÓN AL AZÚCAR

Dejar el azúcar es un proceso gradual y transformador. En las consultas, he aprendido que somos capaces de superar cualquier obstáculo. Personas que alguna vez creyeron que nunca podrían tomar café sin azúcar, hoy lo hacen. Aquellos que pensaron que no podrían eliminar la bebida gaseosa, hoy la han dejado. Si abordamos este cambio desde el amor y la comprensión de que es por nuestra salud y el bienestar de nuestros seres queridos, así como por el amor propio al mirarnos en el espejo, estoy seguro de que podemos dejar el azúcar hasta el punto de no necesitarlo más.

Al dejar el azúcar, como se considera una adicción, es posible experimentar síntomas de abstinencia como sudoración, mal humor y frustración. Sin embargo, como hemos aprendido en capítulos anteriores, ningún sentimiento o emoción puede derrotarte si aprendes a reconocerlo y afrontarlo. Eres más fuerte que un simple grano de azúcar, mereces disfrutar de una salud y un bienestar emocional que te hagan sentir bien todos los días.

El azúcar ha generado sentimientos de culpa, decepción y frustración en el pasado, pero no permitas que lo haga de nuevo. Tú eres capaz de lograrlo.

FASE II: SOLUCIONA

Identifica tres hábitos para reducir el consumo de azúcar. Piensa en tres prácticas específicas que puedas implementar en tu vida diaria para disminuir tu ingesta de azúcar. Estos hábitos deben estar relacionados con tu consumo habitual de alimentos y bebidas que contienen azúcar añadida.

Ejemplos:

No tomar café con azúcar: Si sueles endulzar tu café, considera eliminar el azúcar o reducir gradualmente la cantidad que añades.
Dejar las sodas: Comprométete a reducir o a eliminar por completo el consumo de bebidas gaseosas y refrescos azucarados.
Evitar las malteadas o batidos dulces: Opta por alternativas más saludables para tus meriendas, evitando las malteadas que suelen contener altos niveles de azúcar agregada.

Selecciona hábitos que sean alcanzables y realistas para ti, y que te ayuden a reducir tu consumo de azúcar de manera efectiva.

1.

2.

3.

LAS CALORÍAS VACÍAS

Las calorías vacías son aquellas que no aportan nutrientes significativos a nuestro cuerpo y tienden a convertirse en grasa o, simplemente, en energía. Suelen encontrarse en alimentos como los azúcares refinados, los productos de repostería, los pasteles y otros alimentos que consumimos a diario, a menudo sin considerar su impacto en nuestra salud. Por ejemplo, los refrescos de frutas que solemos tomar en el almuerzo o en la cena contienen altos niveles de azúcar, proveniente tanto de la fruta como de los endulzantes añadidos.

El alcohol es otro componente que aporta calorías vacías y que puede afectar significativamente nuestros objetivos de salud. Aunque algunos lo justifican como un placer ocasional, su ingesta puede tener repercusiones más allá de la noche en que se consume, como deshidratación, desmotivación para hacer ejercicio al día siguiente y un impacto negativo en nuestros hábitos alimentarios.

Para abordar este problema, te animo a identificar cuáles son las fuentes más comunes de calorías vacías en tu dieta y a establecer metas claras para su consumo. Por ejemplo, si sueles tomar alcohol, puedes proponerte limitar su ingesta a solo los sábados y definir la cantidad permitida por un lapso de tiempo. Del mismo modo, si

FASE II: SOLUCIONA

disfrutas de la repostería, podrías reservarla para los domingos o para un día específico de la semana.

La moderación es clave, pero si no sientes la necesidad de consumir estos alimentos, lo mejor es evitarlos. La planificación puede parecer tediosa al principio, pero es fundamental para alcanzar tus metas de salud y bienestar a largo plazo.

Identifica cuáles de estos ejemplos de calorías vacías consumes a diario y elige tres para disminuir su consumo a una vez por semana.

- ☐ Refrescos azucarados
- ☐ Bebidas energéticas
- ☐ Golosinas y caramelos
- ☐ Pasteles y bollería industrial
- ☐ Galletas y snacks salados
- ☐ Helados y postres lácteos
- ☐ Alimentos fritos y snacks procesados
- ☐ Salsas y aderezos comerciales
- ☐ Alimentos procesados con alto contenido de azúcares añadidos
- ☐ Comidas rápidas y alimentos precocinados

49 LA COMIDA NO ES UN PREMIO

Como hemos mencionado anteriormente, no deberíamos considerar la comida ni como un premio ni como un castigo. Simplemente, es una necesidad básica para obtener energía y sobrevivir. No debemos buscar en la comida protección emocional ni consuelo para nuestras tristezas o depresiones, ni tampoco asociarla con nuestras alegrías.

No es necesario hacer ejercicio para "ganar" el derecho a comer, ni sentir culpa por hacerlo. La comida es esencial para cubrir nuestras necesidades calóricas diarias, y cada individuo tiene requerimientos específicos.

Es momento de madurar y entender este concepto, especialmente si buscamos un cambio real y sostenible en nuestra vida. Por eso, este libro se propone ser tu guía durante 90 días para ayudarte a alcanzar esa transformación.

Cuando empezamos a ver la comida como un premio, fallamos desde el principio, ya que comer no debería ser algo que merezcamos o que debamos ganar. Simplemente, es una acción necesaria para nuestro bienestar físico. Este es el secreto para lograr un cambio real y sostenible en nuestra vida. No debemos percibir la comida como un premio o castigo, sino como lo que realmente es: comida.

FASE II: SOLUCIONA

Es hora de interiorizar esto y entender que existen otras formas de premiarnos que nos brindarán un verdadero bienestar y orgullo, como decirnos palabras de aliento frente al espejo o hacer ejercicio. Al comprender esto desde la perspectiva del amor propio, veremos que la comida no es el único premio válido, y nos liberaremos de la culpa asociada a su consumo.

A continuación, elabora una lista de diez maneras de premiarte, asegurándote de que promuevan la salud, fortalezcan los lazos familiares y fomenten tu bienestar personal.

1.
2.
3.
4.
5.
6.
7.
8.
9.
10.

LA ALIMENTACIÓN Y LA SEXUALIDAD

Sé que al ver este título, tu primera reacción es preguntarte: "¿Qué relación hay entre mi alimentación y una sexualidad satisfactoria?". La relación entre la alimentación y la sexualidad es compleja y multifacética, y está influenciada por diversos factores físicos, emocionales y psicológicos.

Aquí hay algunas formas en las que la alimentación puede afectar la sexualidad:

Nutrientes clave: Una dieta equilibrada y nutritiva puede promover la salud sexual al proporcionar los nutrientes necesarios. Por ejemplo, ciertos nutrientes como el zinc, la vitamina E y los ácidos grasos omega-3 pueden tener efectos positivos en la libido y la función sexual.

Energía y vitalidad: Una alimentación adecuada puede proporcionar la energía y la vitalidad necesarias, para participar en actividades sexuales satisfactorias. Una dieta rica en alimentos integrales, frutas, verduras y proteínas magras ayuda a aumentar los niveles de energía y mejorar el estado de ánimo, lo que puede contribuir a una vida sexual más activa y placentera.

Salud cardiovascular: Una dieta que promueve la salud cardiovascular ayuda a mejorar la circulación sanguínea en todo el cuerpo, incluidos los órganos sexuales, lo que puede mejorar la función eréctil en los hombres y la lubricación vaginal en las mujeres.

Hormonas: Algunos alimentos pueden influir en los niveles hormonales, como la testosterona en los hombres y los estrógenos en las mujeres. Alimentos ricos en zinc, como mariscos y nueces, ayudan a mantener los niveles saludables de testosterona, mientras que ciertos fitoestrógenos presentes en alimentos como la soja pueden afectar los niveles de estrógeno en las mujeres.

Al cuidar de ti, estás también cuidando de tu pareja. Priorizar el ejercicio y la alimentación consciente es una herramienta para fortalecerte y trabajar en tu intimidad. Encuentra más información al respecto en mi pódcast Regordimientos, en donde he hecho varios episodios que tratan al respecto.

¿Qué relación tiene actualmente tu estilo de vida con tu nivel de satisfacción sexual?

51 ¿BEBER O NO BEBER? ¡EL LICOR ES LA CUESTIÓN!

Estoy seguro de que este será uno de los temas más buscados. Primero, recordemos que el licor son calorías vacías. Cuando hablamos de calorías vacías, nos referimos a calorías que van directamente al estómago y no se convierten en nada útil, solo se acumulan como reservas de grasa, por lo general en áreas no deseadas como el estómago o las piernas.

Aunque queramos disfrazarlo, el consumo de licor no nos acercará a nuestros objetivos de salud. Sin embargo, también entiendo que en el ámbito social, suele ser importante para participar de diversas actividades.

Por eso, mi recomendación principal es la misma que he dado a lo largo de todo este libro: evita los excesos y, si los tienes, simplemente sigue adelante al día siguiente, incluso si tienes resaca. Que la resaca sea solo física y no mental.

Recuerda que a nivel económico, el consumo de alcohol siempre será una pérdida, y si tu objetivo es muy importante para ti, entenderás que es mejor evitar el exceso. Cada vez que salgas y sepas que vas a tomar, tu tarea será decidir de antemano cuánto vas a tomar.

FASE II: SOLUCIONA

Por ejemplo, antes de ir a una fiesta, decide, desde tu casa, cuántas cervezas o tragos de whisky vas a consumir.

Siempre será mejor optar por tragos que no estén llenos de azúcar, como las cervezas bajas en calorías, en lugar de cócteles o bebidas sobrecargadas. Además, recuerda que la mayoría de las veces, las personas no suben de peso por lo que beben, sino por lo que acompañan con las bebidas, como sodas, snacks y alimentos consumidos mientras están en la fiesta.

El haber perdido un poco la conciencia debido al alcohol puede llevar a decisiones poco saludables en la alimentación. Por eso, te recomiendo que planifiques bien cada vez que vayas a salir a tomar algo.

Si tienes una salida pronto, ¿qué cantidad de licor eliges ingerir como tope?

52 ¿CÓMO DISMINUIR LA CELULITIS?

Podríamos mencionar muchas formas de reducir la celulitis, entre ellas la más evidente es mantener una alimentación balanceada. Es decir, evitar las grasas y mantener un equilibrio, como hemos estado trabajando a lo largo de este libro.

Además, hacer ejercicios específicos es fundamental. Los ejercicios de pesas son especialmente efectivos para combatir la celulitis. Asimismo, las clases en trampolines son otra opción, ya que trabajan el drenaje natural del sistema linfático y pueden ser beneficiosas.

Para trabajar la celulitis es primordial reducir el consumo de azúcar, repostería y alimentos chatarra, entre otros; aunque, estoy seguro de que estas recomendaciones ya las has leído en otras ocasiones.

Aquí lo relevante es entender que la mayoría de las personas tienen celulitis. Casi todas las mujeres que conozco tienen celulitis, y esto se debe, principalmente, a factores hormonales. Es momento de verla como algo natural y normalizado.

A menudo, vemos imágenes en las redes sociales que no son reales, y esto puede generar aún más inseguridades. Vamos a aceptarnos como somos y entender que la celulitis puede ser parte de nosotros

FASE II: SOLUCIONA

por mucho tiempo, incluso con ejercicio y con una buena alimentación, es difícil eliminarla por completo.

Por eso, insisto tanto en aceptarnos con nuestras imperfecciones y en seguir queriendo mejorar. Recordemos que la perfección no existe y que lo que realmente existen son seres humanos imperfectos, con el deseo de alcanzar estándares irreales impuestos por una sociedad engañosa e injusta.

La tarea de hoy es vernos con más amor y empatía, pero también seguir el camino del cambio a través de una alimentación saludable, un estilo de vida mejorado y ejercicios específicos para combatir la celulitis.

Reflexiona sobre tu relación con tu cuerpo y la celulitis. Elabora un plan de acción que incluya cambios en tu alimentación, un aumento en tu actividad física y la práctica de ejercicios específicos para reducir la celulitis.

53 CUANDO SALGAS A COMER, NO PIDAS MÁS DE UN PLATO

La tarea de hoy es simple, pero potente: planifica cada vez que salgas a comer fuera. Sabemos que las comidas fuera de casa son diferentes a las caseras, pero forman parte de la vida social y cotidiana. Por eso, te insto a que antes de salir a comer, analices dónde vas, cuánto planeas comer y cuánto estás dispuesto a gastar.

Convierte tus salidas en eventos inteligentes donde promuevas la planificación, no solo en términos de calorías, sino también en tus finanzas. Esto no significa privarte de lo que te gusta, sino más bien moderar las cantidades a las que estás acostumbrado. Por ejemplo, si usualmente comes seis porciones de pizza, proponte comer cuatro y opta por refrescos sin azúcar.

En el caso de los restaurantes de comida rápida, considera omitir las papas fritas o elegir opciones más pequeñas. Intenta evitar los aderezos adicionales y opta por los combos más pequeños en lugar de agrandarlos. Recuerda que las comidas fuera suelen ser altas en calorías, por lo que, aunque hagas ejercicio, puede ser difícil quemar todo lo que consumes.

FASE II: SOLUCIONA

Come sin culpa, pero con conciencia, entendiendo que para mantener un resultado se requiere control y moderación. La planificación es clave, especialmente para aquellos con agendas ocupadas. Intenta estructurar tu semana desde el domingo o en tu día libre. Elabora un menú diario y realiza las compras necesarias de acuerdo con tus planes alimentarios.

Recuerda mantener el control, no tienes que comer todo lo que está disponible. Eres humano y comes para satisfacer tus necesidades nutricionales, no las emocionales. Eres capaz, y creo en ti. No olvides que la culpa no sirve de nada, solo nos paraliza. Es momento de actuar.

En esta semana, antes de salir a comer fuera, toma unos minutos para planificar tu salida. Decide dónde vas a comer, qué plato o alimentos elegirás y cuánto estás dispuesto a gastar. Después de comer, reflexiona sobre si lograste seguir tu planificación y cómo te sentiste al respecto. Usa esta experiencia para ajustar y mejorar tu planificación en futuras salidas.

- ¿DÓNDE VAS A COMER?
- ¿QUÉ PLATO ELEGIRÁS?
- ¿CUÁNTO VAS A GASTAR?

54. ELIGE PLATOS MÁS PEQUEÑOS PARA CONTROLAR TUS PORCIONES

En nuestra cultura actual, la tendencia a usar platos grandes se ha vuelto común. Sin embargo, esta práctica puede influir significativamente en la cantidad de comida que consumimos. Al optar por platos más pequeños, tenemos la oportunidad de controlar mejor nuestras porciones y evitar los excesos innecesarios.

Cuando usamos platos grandes, tendemos a llenarlos hasta el borde, lo que nos lleva a servirnos más comida de la que realmente necesitamos. Esto puede conducir a un aumento en la ingesta calórica y contribuir al sobrepeso y a la obesidad.

Al elegir platos más pequeños, podemos engañar visualmente a nuestra mente para que perciba una cantidad adecuada de comida. Aunque la cantidad de comida en el plato puede parecer menos abundante, en realidad estamos sirviendo porciones más saludables y controladas. Esto nos ayudará a comer de manera más consciente y a saborear cada bocado, en lugar de consumir grandes cantidades de alimentos de forma automática.

Por lo tanto, la próxima vez que te sientes a comer, considera utilizar platos más pequeños. Esta simple elección puede marcar una gran

FASE II: SOLUCIONA

diferencia en tu capacidad para controlar tus porciones y mantener un estilo de vida saludable a largo plazo. No se trata de privarte de los alimentos, sino de tomar decisiones inteligentes que promuevan una relación saludable con la comida y te ayuden a alcanzar tus objetivos de bienestar.

Hoy te invito a disfrutar de una caminata energizante al aire libre. Encuentra un lugar cercano, ya sea un parque, una zona verde o, simplemente, camina por tu vecindario. El objetivo de esta caminata es mover tu cuerpo, disfrutar del aire fresco y recargar tu energía.

55 METAS GRANDES, CAMBIOS PEQUEÑOS

El día de hoy aprenderemos cómo estructurar nuestras metas de forma eficiente, con el fin de poder darles seguimiento a largo plazo. La mayoría de las veces nos planteamos metas sin alcanzarlas, y esto se debe principalmente a que no logramos materializar lo que pensamos, por falta de ejecución. Muchas veces pensamos más de lo que actuamos. Por eso, en este capítulo, vamos a dejar un adjunto de cómo generar un macrociclo.

¿Qué es un macrociclo? Es un período de planificación general de objetivos a largo plazo, en el cual, a su vez, se establecen metas específicas para períodos más cortos llamados microciclos.

Los microciclos se definen por mes y nos ayudan a alcanzar las metas más grandes establecidas en el macrociclo. Es muy importante que realices esto con atención y lo apliques en todas las áreas de tu vida. Te recomiendo que establezcas al menos una meta en el área de la salud, una en el área financiera, una en el área familiar, entre otras.

Completa la tabla con tus metas a largo plazo y las acciones específicas para el próximo mes, en las diferentes áreas de tu vida.

FASE II: SOLUCIONA

Área de la vida	Meta general a 6 meses	Acciones específicas para el mes	Fecha de inicio	Fecha de fin	Progreso (%)

56 EMPIEZA A CREAR HÁBITOS QUE SE CONVIERTAN EN TU ESTILO DE VIDA

En el camino hacia un estilo de vida más saludable, es importante no solo establecer metas, sino también desarrollar hábitos que nos lleven a alcanzarlas de manera constante y sostenida.

Hoy quiero animarte a dejar la impulsividad a la hora de tomar decisiones, como la de bajar de peso, ya que, al final, esto solo te limitará y te llevará al fracaso. Por ello, vamos a hacer una lista de diez hábitos ideales para cambiar tu estilo de vida. Aquí tienes los míos como ejemplo, y si deseas, puedes copiarlos para implementarlos en tu día a día. Recuerda que la repetición diaria es clave para convertirlos en hábitos arraigados:

- ☐ Dormir entre 6 a 8 horas diarias.
- ☐ Hacer ejercicio al menos tres veces a la semana.
- ☐ Ser ordenado a la hora de comer.
- ☐ Ser amable.
- ☐ Tener empatía.

FASE II: SOLUCIONA

- ☐ No preocuparme por lo que opinen de mí ante críticas destructivas.
- ☐ Sonreír más.
- ☐ Usar bloqueador solar.
- ☐ Utilizar poco las redes sociales.
- ☐ Leer dos páginas de un libro por día.

Con el fin de promover un estilo de vida más saludable, vamos a elegir hábitos que realmente puedan sostenerse a largo plazo. Por ejemplo, muchas personas eliminan los carbohidratos para bajar de peso. Sin embargo, ¿cuánto tiempo podrás mantener este estilo de vida sin consumir carbohidratos en tus comidas?

Del mismo modo, algunas personas que nunca han hecho ejercicio pretenden comenzar con una rutina intensiva de siete días a la semana, lo cual puede resultar poco realista y llevar al abandono rápidamente. Por eso, es mejor enfocarse en metas pequeñas que puedan convertirse en hábitos de vida. ¡Tú puedes lograrlo!

Selecciona tres de los hábitos mencionados que consideres más alcanzables y beneficiosos para ti, y comprométete a comenzar a implementarlos a partir de hoy.

57 BUSCA UNA INSPIRACIÓN REALISTA

Por lo general, todos admiramos a alguien, independientemente de quién sea. Solemos fijar nuestra mirada en ellos, pensando que algún día alcanzaremos los resultados que han logrado. No hay nada de malo en ello; de hecho, todos necesitamos inspiración para levantarnos a diario con la motivación de alcanzar algo, ya sea intelectual, espiritual, físico o emocional.

Al elegir estos modelos, es necesario que esta inspiración sea un verdadero aporte a nuestra vida. Si no nos está llevando en la dirección correcta, si desvía nuestra atención o nos hace sentir frustrados, entonces es momento de buscar un referente más realista.

Por ejemplo, si admiras a alguien cuyo estilo de vida es completamente diferente al tuyo, quizá sea el momento de reconsiderar tu inspiración. Tu modelo a seguir debería tener un estilo de vida, genética y ambiente lo más parecido a tu propia vida. Si aspiras a alcanzar lo que alguien ha logrado, pero nunca te acercas a ello, es fácil frustrarse y abandonar tus propios procesos.

Nuestra fuente de inspiración nos impulsa a crecer, a avanzar, y no a retroceder. Si tu inspiración te hace sentir decepcionado o si no es realista, entonces es momento de buscar otra. Por eso, hoy te invito a elegir a tres personas que te inspiren y que tengan estilos de vida

FASE II: SOLUCIONA

semejantes a los tuyos. No te compares con alguien que no trabaja si tú pasas todo el día trabajando, ni con alguien que no tiene hijos si tú eres padre o madre. Y, sobre todo, no intentes adoptar valores que van en contra de los tuyos, ya que esto solo te alejará de tus verdaderos objetivos.

Busca a tres personas que puedan servirte de inspiración y que te motiven a mejorar en diferentes aspectos de tu vida, asegurándote de que sus logros y experiencias sean alcanzables y relevantes para ti. Evita compararte con individuos cuyas circunstancias sean muy diferentes a las tuyas, ya que esto puede generar frustración y desviarte de tus objetivos.

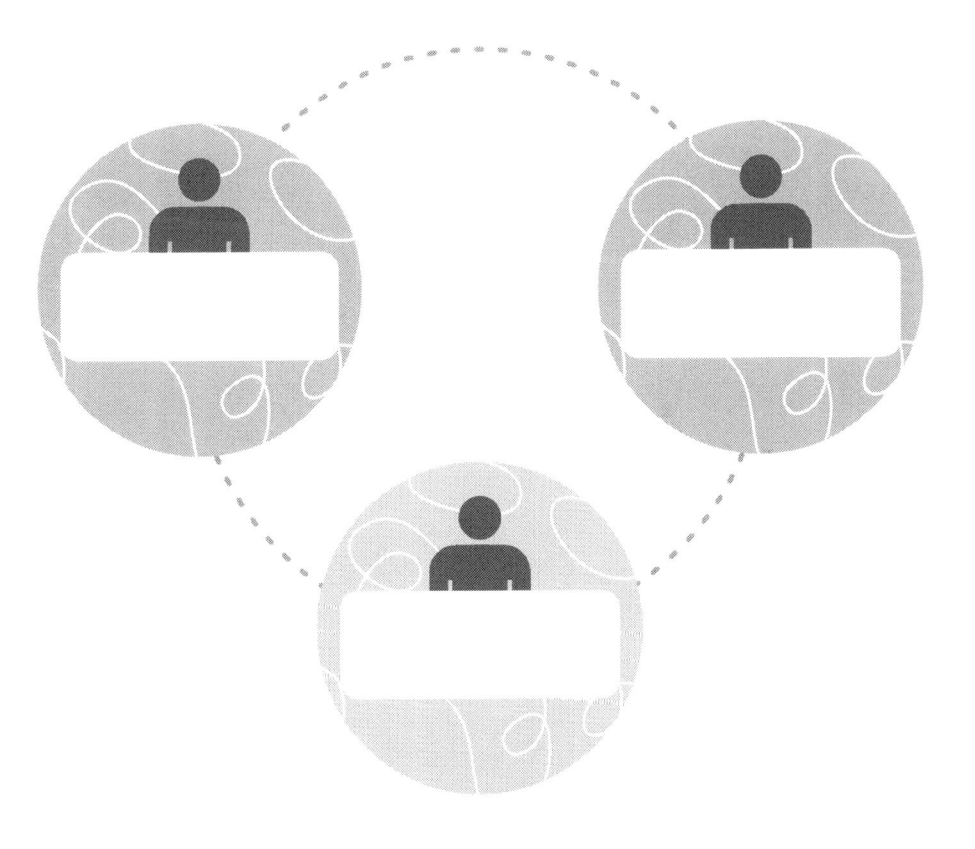

58. UNA VEJEZ DIGNA SE COMIENZA EN EL PRESENTE

Mientras escribía este libro, me dieron la noticia de que un excompañero de la universidad, cuando estudiaba Psicología, había fallecido. Tenía unos diez años de no verlo, y un mes antes de su muerte, me visitó. Recuerdo que abrazaba como nadie porque parecía un oso. Era grande a la par mía, por ende, siempre le pedía un abrazo de esos que solo él sabía dar.

Desde que lo conocía así, hace aproximadamente unos dieciséis años, le aconsejaba que bajara de peso, que hiciera ejercicio. Y aunque no lo crean, siempre lo intentaba, pero nunca fue suficiente. Su fuerza de voluntad nunca fue más fuerte que sus ganas por bajar de peso. A sus treinta y seis años, un día después de su segunda cita, recibí una llamada de una excompañera para comunicarme de su fallecimiento debido a un ataque cardíaco.

Cuento esto porque, por lo general, pensamos que nunca nos va a pasar algo así, que somos inmortales, que el tema de bajar de peso solo es por estética. Y, realmente, les puedo decir con dolor en mi corazón que no, que muchas personas pierden su vida por culpa de su estilo de vida poco saludable.

Es más, muchas personas creen que nada les va a pasar y que sus hábitos no importan. Y, probablemente, a la mayoría de las personas no les pase nada, para serte muy sincero. No obstante, no es lo mismo llegar a una vejez con dignidad que a una vejez donde tengamos que depender de nuestros hijos, a quienes no trajimos al mundo para eso. ¿Quién nos va a cuidar en un futuro si no tenemos una vejez digna en el presente?

Si este libro cambia tu vida, te aseguro que tendrás una vejez con dignidad. Si no te atacan las patologías tradicionales que no tienen nada que ver con el sobrepeso y la obesidad, es posible que tengas una vida llena de amor y cariño, y no vas a depender de nadie para bañarte, asearte o, sencillamente, para limpiarte el trasero.

Y sí, parece loco, pero es real. Una vez, un paciente que bajó 70 kilos me dijo: "Dr., lo que más valoro ahora es que me puedo limpiar el trasero yo solo, antes necesitaba ayuda". Este paciente tenía en ese momento 30 años. Hoy tiene 35 años y pesa 70 kilos menos, y los ha sostenido ya por cuatro años. Eso es lo que yo llamo: entenderlo todo.

¿Cómo te visualizas en tu vejez? Haz un párrafo descriptivo acerca de cómo te imaginas en tus años mayores, tanto si sigues como estás ahora como si cambias.

59. PASA DE SER VÍCTIMA A SER GANADOR

La victimización no nos conduce a nada positivo. Aprendamos a cultivar en nuestra mente una mentalidad ganadora. Imagina que hay dos sillones: uno representa la victimización y el otro la mentalidad ganadora. ¿En cuál decides sentarte?

Ser víctima o ganador es una elección diaria. Normalmente, cuando te sientas mucho en un sillón, este se adapta a tu forma y te sientes muy cómodo. Pero al sentarte en el otro, que rara vez escoges, comienzas a tener una sensación de incomodidad. Por eso, salir de la zona de confort es una decisión que solo tú puedes tomar.

¿Por qué te digo que todos los días necesitas elegir tu posición? Porque sería injusto sentirme un ganador todos los días, cuando soy consciente de que también tengo derrotas. A pesar de que la victimización, a menudo, genera una ganancia secundaria, como la atención de los demás o el sentimiento de mediocridad sin culpa, prefiero mil veces sentirme un ganador antes que una víctima. Las víctimas, al final, no son apreciadas; siempre son las pobrecitas de las historias, las que nunca salen adelante.

FASE II: SOLUCIONA

Mi estilo de vida es el de un ganador, y aunque haya perdido muchas batallas, estas me enseñan a ganar. La vida es como un juego donde aprendes perdiendo. En mi caso personal, tenía todas las características para ser un perdedor, pero decidí lo contrario. Quise ser un ganador y no ser víctima de mi propia historia.

Elige sabiamente, porque tú tienes el poder de escribir esa historia todos los días. Todos los días tienes una oportunidad para hacer las cosas bien y sentirte un ganador. Estás destinado a lograr grandes cosas.

Sentirte ganador hará que tu cerebro interprete todo de una manera más positiva, liberando hormonas que te ayudarán en ese camino. Yo prefiero 100 % sentarme en el sillón del ganador. Sin embargo, a veces me siento tentado a elegir el de la víctima, pero la incomodidad de este último me recuerda que no pertenezco allí. Nací para ganar, no para ser víctima. ¡Armémonos con esa mentalidad!

La tarea de hoy es mental: imagina esos dos sillones en tu mente cada vez que tengas que adaptarte a algo nuevo o cada mañana al despertar y decide en cuál te sentarás.

VICTIMIZACIÓN   MENTALIDAD GANADORA

60 CONVIÉRTETE EN UNA INSPIRACIÓN

Todos podemos ser una fuente de inspiración para los demás. A menudo, pensamos en la inspiración como algo reservado para las personas extraordinarias o famosas, pero la verdad es que cada uno de nosotros tiene el poder de inspirar a otros a través de nuestras acciones, palabras y actitudes. Convertirse en una inspiración no significa necesariamente lograr grandes hazañas o tener un éxito deslumbrante, sino más bien implica vivir de una manera auténtica y significativa que motive a otros a ser lo mejor que pueden ser.

1. Vive tu verdad

El primer paso para convertirte en una inspiración es vivir de acuerdo con tus valores y creencias. Sé auténtico contigo mismo y con los demás, y no temas expresar tus opiniones y visiones del mundo. Cuando vives tu verdad, irradias una energía positiva y genuina que puede inspirar a otros a hacer lo mismo.

2. Cultiva la resiliencia

La vida está llena de desafíos y obstáculos, pero cómo los enfrentamos y superamos puede ser inspirador para los demás. Cultiva la resiliencia ante la adversidad, aprende de tus fracasos y sigue adelante con determinación y valentía. Tu capacidad para recuperarte y crecer a partir de las dificultades puede motivar a otros a enfrentar sus propios desafíos con fortaleza y optimismo.

3. Practica la empatía y la compasión

Ser una inspiración también implica mostrar empatía y compasión hacia otros. Escucha activamente, muestra interés genuino en las experiencias y sentimientos de los demás, y ofrece tu apoyo y aliento cuando sea necesario. Tu capacidad para conectarte emocionalmente con los demás y brindarles consuelo y orientación puede ser profundamente inspiradora y edificante.

4. Busca el crecimiento personal

El crecimiento personal constante es fundamental para convertirse en una inspiración. Establece metas desafiantes, busca nuevas experiencias y aprendizajes y trabaja constantemente en mejorar como persona. Tu búsqueda de crecimiento y desarrollo continuo puede motivar a otros a perseguir sus propios sueños y aspiraciones con pasión y determinación.

5. Sé un modelo a seguir

Finalmente, recuerda que tus acciones hablan más fuerte que tus palabras. Sé un modelo a seguir positivo y ejemplar en todas las áreas de tu vida, desde tus relaciones personales hasta tu carrera profesional. Sé consciente del impacto que tienes en los demás y esfuérzate por ser un ejemplo inspirador de integridad, honestidad y bondad.

Tras este recorrido de 60 días, ¿cómo te ves a ti mismo? ¿Qué áreas dentro de ti admiras y reconoces con agradecimiento?

MÁS ALLÁ DE LAS CALORÍAS

FASE III: SOSTIENE

EL PODER DE MANTENER EN EL TIEMPO LO APRENDIDO

Nunca fui una persona centrada en hacer dietas; de hecho, mi felicidad siempre estuvo muy ligada a los alimentos que consumía. En el año 2012, cuando trabajaba como ingeniero de software para una importante empresa financiera en Heredia, Costa Rica, mi dieta consistía principalmente en café, nicotina, harinas, azúcares y muchas grasas. Esta forma de alimentarme tuvo un impacto negativo en mi salud y, para finales de 2014, mi situación empeoró notablemente.

Sin embargo, puedo afirmar, sin lugar a dudas, que el trabajo realizado por el Dr. Greivin López cambió radicalmente mi vida. Durante cada sesión, Greivin supo potenciar mis fortalezas y fortalecer mis debilidades, lo que me permitió alcanzar mis objetivos mes a mes y establecer metas cada vez más ambiciosas. El doctor, no solo es uno de los mejores nutricionistas en Costa Rica, sino también es un gran amigo que, mediante un método de trabajo eficaz, transformó mi vida para siempre.

En los últimos años, he aprendido mucho de Greivin, y gracias a ese aprendizaje, he logrado alcanzar una de mis mejores versiones. Actualmente, soy un maratonista internacional con una marca personal por debajo de las 3 horas y he perdido 25 kilos desde mi primera sesión a principios de 2015. Pero lo más importante es que he aprendido a tener una relación saludable con la comida. Entendí que somos lo que comemos, y que esta relación puede ser la clave para alcanzar cualquier objetivo en la vida.

Sergio Mora

61. EVALÚA TU AVANCE MENTAL

¡Qué emocionante es comenzar el tercer mes de este viaje hacia una vida más saludable!

Durante este tiempo, hemos aprendido la importancia de medir y dar un seguimiento a nuestro progreso. Como dice el refrán: "Lo que no se mide, no se mejora". Por eso, hoy quiero que reflexionemos sobre nuestros cambios emocionales y conductuales hasta el momento. Te invito a responder las siguientes preguntas:

¿Cuáles han sido los cambios emocionales que has experimentado hasta el día de hoy?
¿Cómo te ha ayudado en tu día a día lograr estos cambios?
¿En qué áreas crees que aún debes seguir trabajando para mejorar?

En el ámbito educativo, la evaluación constante es fundamental para determinar nuestro progreso y asegurarnos de que estamos alcanzando nuestros objetivos. Por eso, te insto a que realices esta evaluación al menos cada dos meses y que no descuides tus cambios emocionales, ya que son clave para alcanzar resultados duraderos.

Recuerda que el objetivo de *Más allá de las calorías* es que entiendas cómo hacer cambios perdurables en el tiempo. Este libro no se trata simplemente de leerlo una vez, sino de aplicarlo tantas veces como sea necesario hasta lograr un cambio conductual que te haga sentir

FASE III: SOSTIENE

verdaderamente satisfecho con tus logros. ¡Adelante! Cada día tienes la oportunidad de ser tu mejor versión.

62 DEJA ATRÁS EL MIEDO Y VIVE CON SEGURIDAD

Cuando decidimos cambiar nuestro estilo de vida, es natural que surjan temores. Entre los miedos más comunes se encuentran el temor a decepcionarnos, a perder el control, a dejar de ser importantes, a no ser perfectos y a sufrir. Sin embargo, la mayoría de las cosas que nos preocupan nunca llegan a suceder. Lo que sí ocurre, en cambio, es una intoxicación de cortisol, como hemos discutido anteriormente, que puede obstaculizar nuestro progreso en la pérdida de peso y reducción del porcentaje de grasa corporal.

Todos hemos experimentado miedo en algún momento de nuestras vidas. El problema surge cuando permitimos que este controle nuestra vida, ya que nos paraliza y nos impide avanzar en nuestros procesos.

Es similar a cuando temíamos a los monstruos, a pesar de que sabíamos que no existían. Muchas veces, los mayores temores que enfrentamos son creados por nuestra mente y alimentados por nuestros pensamientos. Por eso, es crucial no tener miedo a la comida, a la ansiedad, al hambre o a no alcanzar nuestros objetivos de pérdida de peso. Estos temores solo nos impedirán alcanzar nuestras metas.

La tarea de hoy es ver la película Un monstruo viene a verme y hacer una breve reflexión sobre lo que aprendiste de ella. Te aseguro que, en su mayoría, los monstruos solo existen porque les hemos permitido crecer. Es momento de reducir su tamaño, aprender a enfrentarlos y superarlos.

63 ERES UNA PERSONA MERECEDORA

Hoy quiero recordarte que eres una persona merecedora, digna de recibir el cariño que otros te han arrebatado en el pasado, ya sean tus padres, tus amigos o tu pareja. Mereces todo lo que desees y te propongas alcanzar en la vida. Recuerda que solo tú puedes determinar tu propio valor, y este valor es como una pizarra en blanco que puedes llenar cada día con tus logros y tu autoestima.

En mi caso, ni siquiera puedo poner un número en esa pizarra, ya que mi valor es tan alto que ni siquiera puedo cuantificarlo. Espero que tú también pienses de manera similar sobre ti mismo. Este libro busca, precisamente, darte ese merecimiento, ese valor; y hacerte sentir como un ganador, como alguien digno de todo lo bueno que la vida tiene para ofrecer.

Por eso, la tarea de hoy te va a gustar mucho. Es muy sencilla, especialmente para aquellas personas que quizás no se sienten merecedoras. Hoy quiero que salgas y te compres algo que siempre has deseado, algo que puedas permitirte sin desajustar tu presupuesto. Puede ser una blusa, una camisa, un pantalón, o incluso un pequeño cambio en tu apariencia, como un corte de cabello o una manicura. Haz algo por ti mismo que te haga sentir merecedor, que te haga sentir bien contigo mismo.

Puedes aprovechar este momento para ir a un spa y darte un masaje o, simplemente, hacer algo que te haga sentir bien y que esté dentro de tu presupuesto. No necesitas gastar mucho dinero para lograrlo, pero si lo tienes disponible, no dudes en invertir un poco en ti mismo. Recuerda que no solo trabajas para los demás, sino también para darte un regalo al menos una vez al mes. Te lo mereces, al igual que muchas otras cosas maravillosas en la vida.

Muchas personas no tienen una cultura de autocuidado porque en realidad sienten que no merecen esa atención. Al tomar pequeñas acciones, como el gesto de comprarnos algo que nos haga sentir bien, estamos fomentando hábitos saludables y fortaleciendo nuestra autoestima. Cada paso que damos en dirección al autocuidado nos acerca más a una vida plena y saludable.

Cuando empieces a entender lo merecedor que eres, comenzarás a recibir cosas grandiosas y majestuosas.

Escribe en el siguiente cuadro cómo te sentiste al darte esta muestra de amor y consentirte.

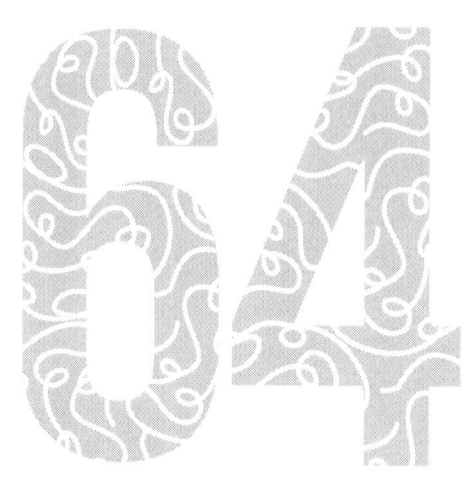

64 COME MEJOR ANTES DE PICAR

Uno de los mayores obstáculos para alcanzar nuestros objetivos radica en el hábito de picar entre comidas. Este comportamiento, en términos sencillos, implica consumir snacks que, aunque deliciosos, a menudo contienen ingredientes adictivos que nos llevan a comer en exceso. Además, una vez que abres una bolsa de snacks, suele resultar difícil detenerse.

Aprender a consumirlos de manera inteligente es clave. Mi primera recomendación es evitar comprarlos, ya que tenerlos disponibles en casa puede tentarnos constantemente. Si decides tenerlos, opta por porciones pequeñas, porque una vez que abres una bolsa grande, es difícil controlar la cantidad que comes.

Trata de consumirlos de manera racional y limitada, reservándolos para ocasiones específicas, a fin de no sabotear tu progreso en la pérdida de peso. Si es posible, elimínalos por completo de tu dieta. Recuerda que siempre es mejor optar por alimentos saludables y equilibrados, como una porción de arroz, frijoles, carne o ensalada, en lugar de ceder ante los antojos de snacks poco nutritivos.

Elabora una lista de tres snacks que acostumbras consumir y que a partir de hoy decides reducir su ingesta o no volver a comprar.

FASE III: SOSTIENE

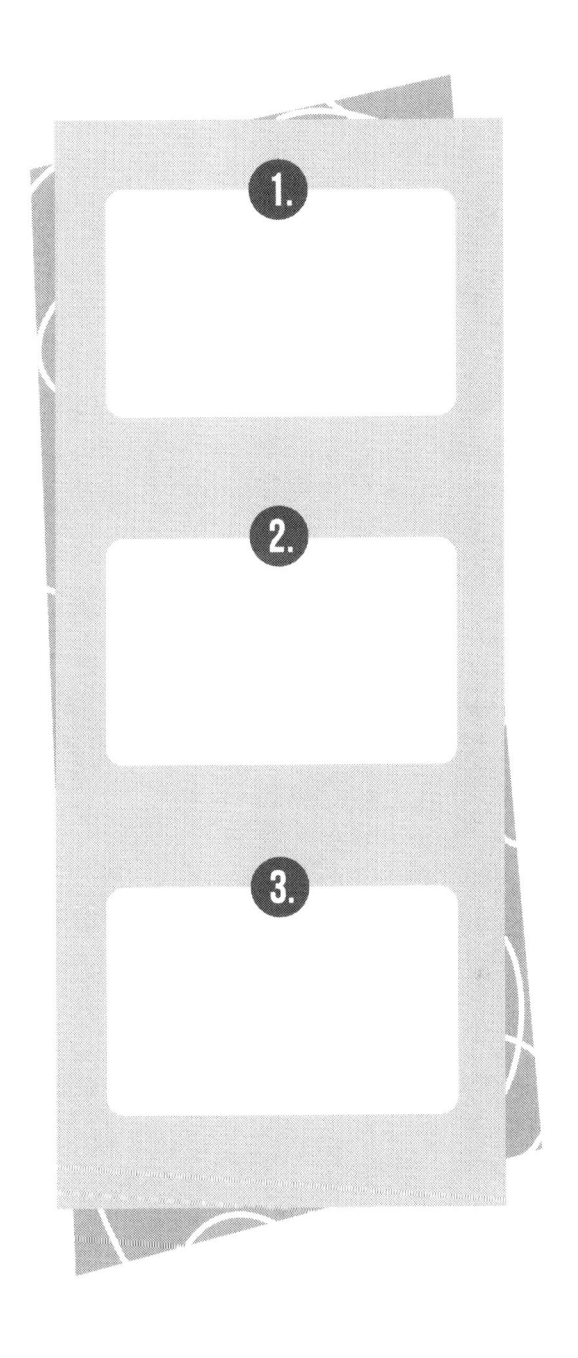

DESMITIFICANDO LO *LIGHT*

La etiqueta *light* no siempre indica una alternativa más saludable. Es común asumir que los productos etiquetados como *light* son la mejor opción para quienes desean controlar su peso o mejorar su alimentación. No obstante, muchos de estos productos se elaboran con sustitutos del azúcar, como edulcorantes artificiales, para reducir su contenido calórico.

Aunque pueden ser útiles para quienes buscan disminuir su ingesta de calorías o controlar su nivel de azúcar en la sangre, no son necesariamente más saludables.

Este tipo de alimentos suelen contener aditivos y edulcorantes artificiales que pueden tener efectos negativos en la salud a largo plazo. Estos aditivos pueden causar problemas digestivos, afectar el equilibrio de la microbiota intestinal y, en algunos casos, estar asociados con un mayor riesgo de enfermedades crónicas.

Además, el consumo frecuente de productos *light* puede alterar los hábitos alimentarios. Al depender en exceso de estos productos como una solución rápida para reducir calorías o azúcar, es fácil descuidar la ingesta de alimentos frescos y nutritivos. Esto puede conducir a una dieta desequilibrada y deficiente en nutrientes esenciales.

FASE III: SOSTIENE

La calidad de nuestra alimentación no solo se basa en la cantidad de calorías o azúcar que consumimos, sino en la variedad y en la calidad de los alimentos. En lugar de depender exclusivamente de productos light, prioricemos los alimentos frescos, integrales y nutritivos, tales como frutas, verduras, granos enteros, proteínas magras y grasas saludables.

Observa detenidamente la etiqueta de tu alimento *light* o "bajo en calorías" favorito. Anota los ingredientes y compáralos con los de versiones regulares del mismo producto. Reflexiona sobre las diferencias nutricionales y considera si realmente este producto está alineado con tus objetivos de salud y bienestar. Escribe en el siguiente espacio tus conclusiones.

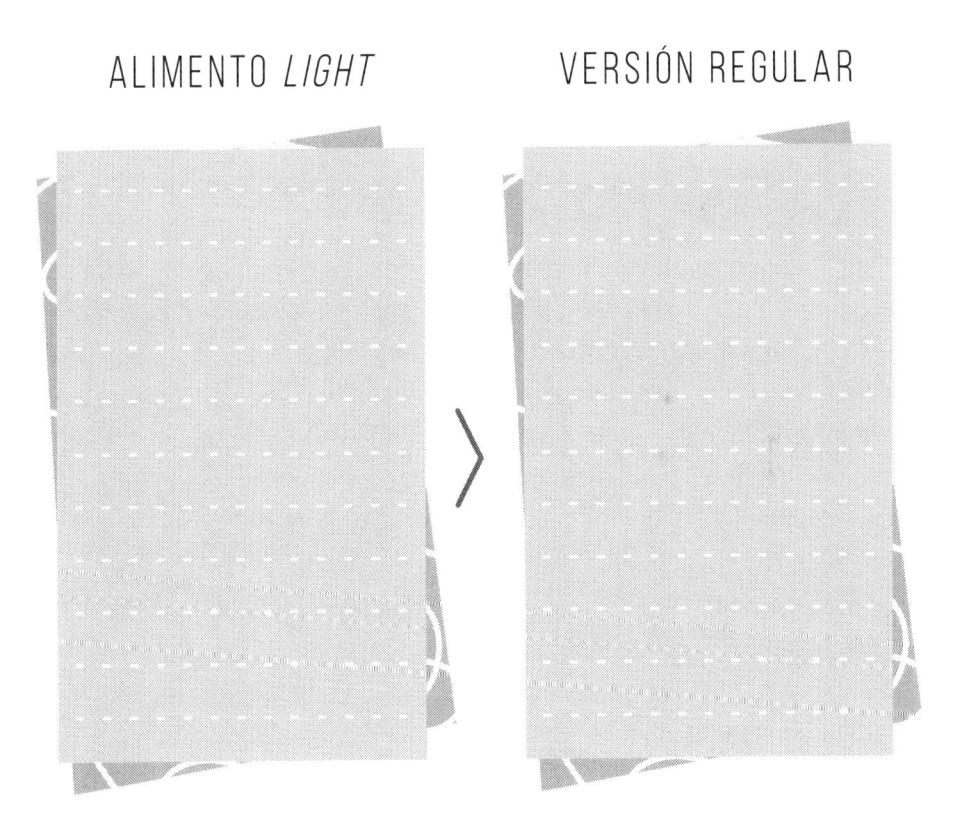

ALIMENTO *LIGHT*   VERSIÓN REGULAR

MÁS ALLÁ DE LAS CALORÍAS

66

CHEQUEO DE SANGRE ANUAL

Ser delgado no es sinónimo de ser saludable. Por eso, hoy te animo a que realices un chequeo de sangre anual, independientemente de tu contextura.

Es una recomendación importante que espero puedas cumplir. Ya sea a través del seguro médico o de manera privada, realizar un chequeo de sangre anual es fundamental. Este control nos permite evaluar nuestro perfil de lípidos como mínimo, así como las enzimas hepáticas, la función renal y, si es posible, la parte hormonal.

Sería irresponsable pasar por alto esta práctica de cuidado de la salud. A menudo, gastamos dinero en cosas que no necesitamos y que ni siquiera utilizamos. Por eso, te insto a considerar este chequeo como una obligación personal. Observar cómo estamos a nivel sanguíneo es esencial, sin importar si nos vemos delgados o si tenemos sobrepeso. Cualquier persona puede tener algún problema a nivel sanguíneo sin darse cuenta.

Una dieta o un plan de alimentación sin un chequeo sanguíneo pueden afectar la salud. El desconocimiento de nuestro perfil sanguíneo puede conducir a complicaciones, ya que algunos problemas metabólicos quizás sean silenciosos y no presenten síntomas evidentes. Al conocer

FASE III: SOSTIENE

los niveles sanguíneos, podemos ajustar nuestra dieta y nuestro estilo de vida de manera más precisa, para promover una salud óptima y prevenir posibles complicaciones a largo plazo.

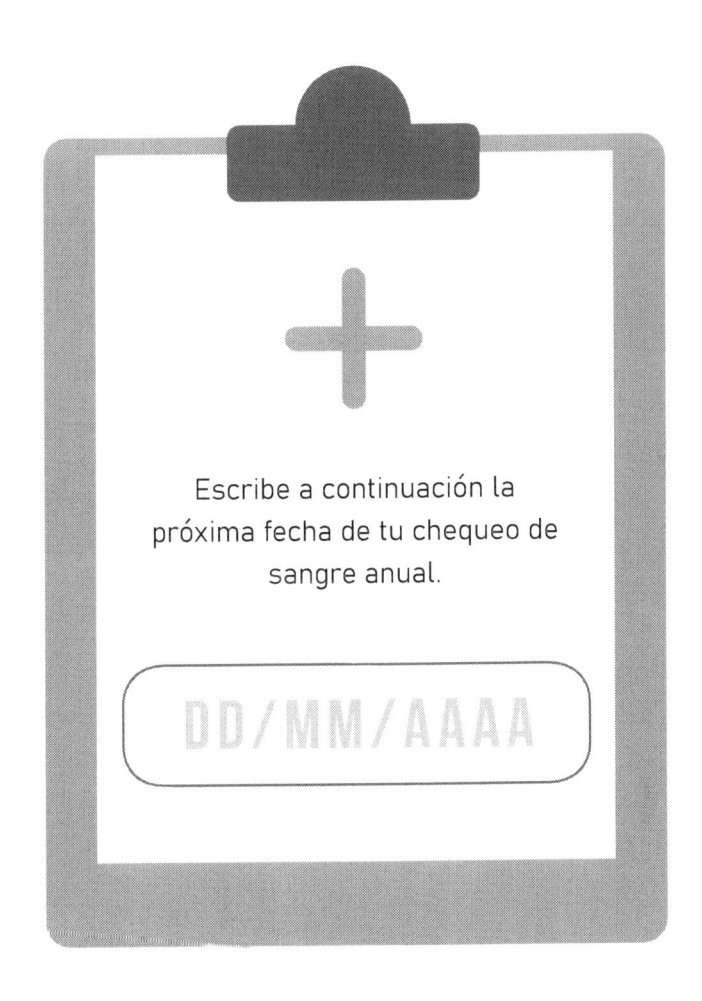

Escribe a continuación la próxima fecha de tu chequeo de sangre anual.

DD/MM/AAAA

67 PESARSE, PERO NO OBSESIONARSE: EL EQUILIBRIO EN EL CONTROL DEL PESO

Pesarse regularmente puede ser útil para monitorear tu salud, pero es importante hacerlo de manera equilibrada y sin caer en la obsesión. Es normal que el peso fluctúa día a día debido a diversos factores, como la retención de líquidos y los procesos corporales. No te centres únicamente en el resultado de la balanza, ya que esto puede interferir con tu bienestar emocional. Recuerda que eres mucho más que un número en la balanza y que tu valía no está determinada por tu peso.

Ser obsesivo con el pesaje diario aumentará los niveles de estrés y de cortisol, lo cual puede dificultar la pérdida de peso y contribuir a la acumulación de grasa. Si te sientes ansioso o estresado al pesarte con frecuencia, es recomendable reducir la frecuencia y enfocarte en hábitos saludables en lugar de en el número en la balanza.

Si decides pesarte regularmente, hazlo con calma y sin presión. Una vez al mes o cada quince días puede ser suficiente para controlar tu progreso. Utiliza el pesaje como una herramienta de control, no como un medio para castigarte a ti mismo. El objetivo es mantener el control de tu salud y saber cuándo ajustar tus hábitos si es necesario. Vive

FASE III: SOSTIENE

el proceso con alegría y confianza, y si decides incorporar el pesaje regular, hazlo con amor y comprensión hacia ti mismo.

Reflexiona sobre las razones que te motivan a tomar el control de tu peso o las que te llevan a evitarlo, y comprométete a cuidar tu salud desde un lugar de amor y de equilibrio, en vez de dejarte llevar por la obsesión.

68 LA FALTA DE SUEÑO Y LA ALIMENTACIÓN

El sueño y la alimentación están estrechamente relacionados, ya que la calidad del sueño puede afectar nuestros hábitos alimentarios y viceversa. Al dormir, nuestro cuerpo se recupera, rejuvenece y se prepara para afrontar un nuevo día. Cuando no tenemos buena higiene del sueño, nuestro cuerpo se ve afectado en gran manera.

La falta de sueño puede alterar las hormonas que regulan el hambre y la saciedad. Esto puede llevar a un aumento del apetito y de antojos de alimentos poco saludables, especialmente aquellos que son ricos en azúcares y grasas poco saludables, a fin de obtener una rápida gratificación y un aumento de energía.

En este sentido, una práctica que puede ayudarte a descansar mejor y, por ende, a mejorar tus hábitos es elegir adecuadamente la última comida del día y asegurarse de que haya un margen de tiempo entre su consumo y el descanso. Además, evitar productos que sobreestimulen nuestra mente, como la cafeína o los azúcares, con el fin de preparar el cuerpo para el sueño.

Hay diferentes rutinas que puedes añadir para promover el descanso reparador en las noches. Te animo a investigar al respecto y a preparar tu cuerpo para jornadas de descanso y, por consiguiente, de mayor energía y vitalidad al día siguiente.

Algunos hábitos que puedes añadir a tu rutina de sueño son los siguientes:

- ☐ Leer un libro.
- ☐ Tratar de irte a dormir siempre a la misma hora y levantarte a la misma hora.
- ☐ Apagar las pantallas al menos media hora antes de acostarte.
- ☐ Ingerir suplementos como el magnesio o la melatonina.
- ☐ Realizar actividad física antes de dormir.
- ☐ Bañarte con agua caliente.

¿Qué hábitos de descanso tienes actualmente que necesitas mejorar? ¿Qué relación tiene el sueño con tu alimentación hoy?

¿"INFOXICADOS" O INTOXICADOS?

En estos días, enfrentamos desafíos particulares que pueden afectar nuestra relación con la comida y el autocuidado. El cansancio mental, provocado por la sobrecarga de información o la "infoxicación" del internet, puede llevarnos a hábitos descontrolados a la hora de comer. La constante exposición a contenido en línea, muchas veces innecesario, puede saturar nuestra mente y disminuir nuestra capacidad para tomar decisiones conscientes y saludables respecto a la alimentación.

La "infoxicación" se ha convertido en una realidad cotidiana, e inunda nuestras mentes con datos, opiniones y noticias que pueden resultar abrumadores. Esta saturación de información nos distrae de nuestras necesidades reales y dificulta la conexión con nuestro cuerpo y nuestras elecciones alimentarias. En lugar de comer de manera consciente y deliberada, podemos caer en patrones de alimentación impulsiva y poco saludables.

La saturación digital puede afectar nuestra relación con la comida y comprometer nuestro autocuidado. La clave está en encontrar un equilibrio entre el consumo de información en línea y la atención plena a nuestras necesidades físicas y emocionales. Esto implica tomar medidas para limitar la exposición a contenido no deseado o innecesario, así como cultivar hábitos de alimentación consciente que nos ayuden a reconectar con nuestro cuerpo y nuestras elecciones alimentarias.

FASE III: SOSTIENE

¿Cuántas veces te has sentado a comer con el celular al lado y pasas el tiempo respondiendo llamadas y masticando de manera inconsciente? ¿Cuántas veces has estado pendiente de la serie o del programa de televisión que no te das cuenta de la gran cantidad de snacks que desaparecen entre tus manos?

Hoy quiero que medites en ese cansancio mental y en la relación que tiene con tu alimentación. Por eso, te animo a preparar las comidas del día con el celular lejos de la mesa. Con la atención centrada y la disposición para recibir los nutrientes de tu plato, escribe en el siguiente recuadro cómo te sentiste y qué pensaste al mantener el celular lejos de tu comida.

Te invito a que hagas este ejercicio en familia, con el fin de contribuir a la mejora de los hábitos de tu círculo más cercano.

ENGORDO PARA PROTEGERME

Psicológicamente, una de las razones por las cuales las personas suben de peso es porque en algún momento de sus vidas se sintieron abusadas de alguna forma. Esto no necesariamente tiene que haber sido de manera sexual, aunque, lamentablemente, la mayoría ha experimentado algún tipo de abuso o acoso en su vida. Es triste escuchar estas historias, pero es algo que he presenciado con frecuencia en las consultas. Si has sido víctima de algo así, quiero expresarte mi empatía a través de este capítulo, pero también quiero decirte que es hora de tomar el control, de superarlo, de avanzar y de no permitir que ese agresor tenga poder sobre ti.

Recuerda que cuando te ocurrió esto, eras vulnerable, como suele suceder en la mayoría de los casos. Sin embargo, ahora eres más fuerte y poderoso que antes, y eres más merecedor que nunca del amor y cuidado. No fue tu culpa lo que te pasó ni fue culpa de tu cuerpo ni fue culpa de ninguna parte de ti. Simplemente, estabas en el lugar equivocado en el momento equivocado, expuesto, sin el cuidado adecuado frente a un agresor más fuerte. No te pediré que escribas una carta para perdonarlo, pero sí te animo a escribir una carta para perdonarte a ti mismo.

Aunque no lo creas, muchas veces, aumentar de peso se convierte en una forma de protección psicológica, una manera de defenderse y evitar ser lastimado nuevamente. Hoy quiero recordarte que ya no necesitas protegerte de esta forma. Ya no necesitas utilizar el aumento de peso como un escudo emocional. No fue tu culpa, y esta no debe invadirte a través de la comida. Es hora de liberarte de ese peso emocional y de comenzar a sanar desde adentro. Recuerda, eres fuerte, eres valiente y mereces amor y cuidado incondicional.

La tarea de hoy consiste en escribir una carta de perdón hacia ti mismo, porque muchas veces, la agresión es tan fuerte que se convierte en manipulación, haciéndonos creer que nosotros mismos somos los culpables de aquello que nos ha sucedido. Esta situación se aplica no solo a las personas que han sido abusadas sexualmente, sino también a aquellas que han sufrido otros tipos de abuso por parte de figuras cercanas.

UNA CARTA DE PERDÓN A TI MISMO

71. ALIMENTACIÓN INTELIGENTE: EL PODER DE LA PLANIFICACIÓN DE LAS COMIDAS

Hoy vamos a adentrarnos en un aspecto fundamental para mantener una alimentación saludable y alcanzar nuestros objetivos de bienestar: la planificación de menús. Organizar y preparar tus comidas con antelación no solo te ahorrará tiempo y esfuerzo, sino que también te permitirá tomar decisiones más saludables y controladas sobre lo que comes.

La planificación de menús te brinda la oportunidad de equilibrar adecuadamente tu ingesta de nutrientes y te aseguras de incluir una variedad de alimentos que proporcionan los nutrientes esenciales que tu cuerpo necesita para funcionar de manera óptima. Además, te ayuda a evitar caer en opciones poco saludables o improvisadas cuando estás ocupado o con prisa.

Para comenzar, te recomiendo establecer un día de la semana para planificar tus menús y hacer la lista de compras correspondiente. Esto te permitirá tener a mano todos los ingredientes necesarios, y evitarás recurrir a opciones menos saludables en momentos de hambre o de apuro. También es útil tener en cuenta tus horarios y actividades diarias al planificar las comidas, a fin de tener opciones adecuadas para cada momento del día.

A continuación, nos adentraremos en detalle en la importancia de incluir adecuadamente las proteínas, las grasas y las harinas en tu plan de alimentación saludable. Cada uno de estos nutrientes desempeña un papel crucial en tu dieta, y entender cómo integrarlos de manera equilibrada te ayudará a alcanzar tus objetivos de bienestar de forma sostenible y efectiva. ¡Así que mantente atento a nuestras próximas sesiones donde profundizaremos en estos aspectos!

Para estos tres próximos días, elabora un menú semanal detallado con el formato que creé para ti.

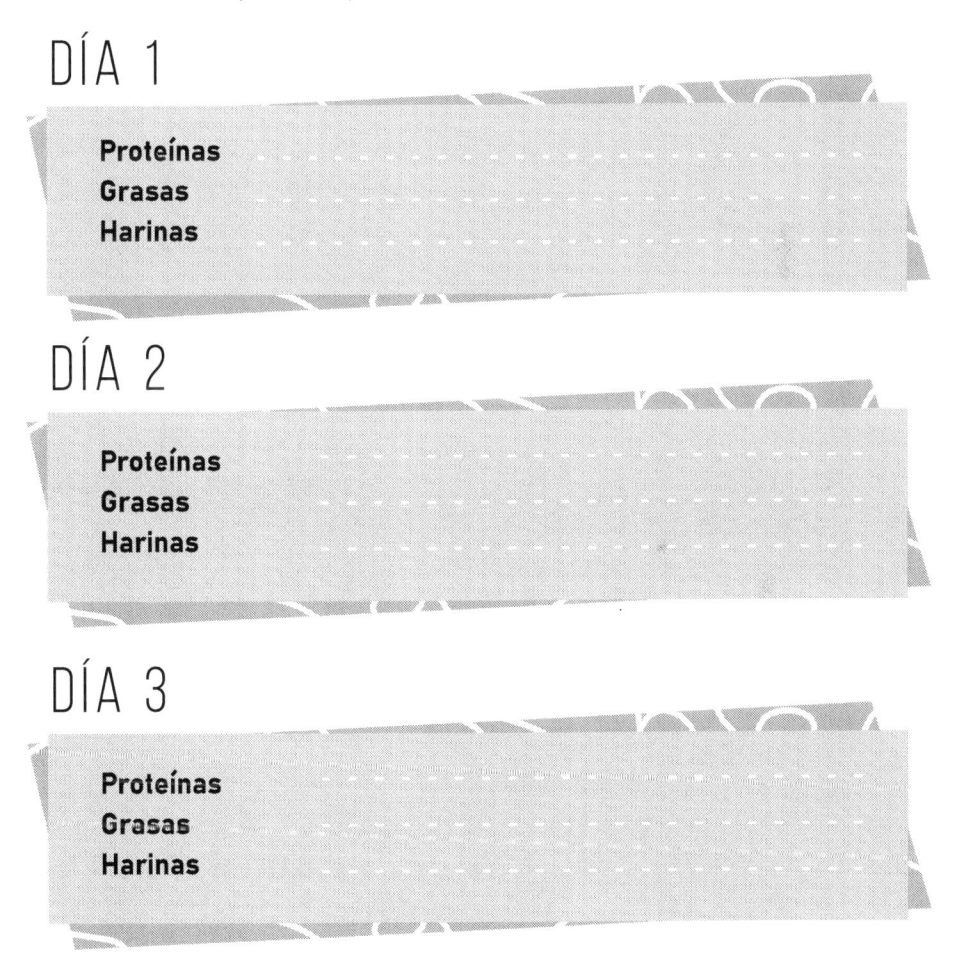

DÍA 1

Proteínas
Grasas
Harinas

DÍA 2

Proteínas
Grasas
Harinas

DÍA 3

Proteínas
Grasas
Harinas

LA IMPORTANCIA DE LAS PROTEÍNAS

Aquí hablaremos sobre la importancia de consumir proteínas y aclararemos si las proteínas en polvo o las suplementarias realmente pueden causar un aumento de peso corporal, como a menudo se ha creído. También exploraremos si solo consumiendo proteínas se puede aumentar la masa muscular de manera desproporcionada o si el cuerpo tiene límites para este crecimiento, determinados por la genética y la fisiología individual.

Es esencial comprender que las proteínas son nutrientes fundamentales para el cuerpo y ayudan en sus funciones básicas, contribuyendo al desarrollo muscular. Sin embargo, el aumento excesivo de la masa muscular tiene un límite natural en todos los seres humanos, el cual está determinado por factores genéticos y fisiológicos. Por lo tanto, obsesionarse con el aumento excesivo de la masa muscular puede ser contraproducente y difícil de lograr con el tiempo.

El consumo adecuado de proteínas es crucial en nuestra dieta diaria, y no deberíamos limitarlo por temor a volvernos demasiado musculosos o a ganar peso. Necesitamos encontrar un equilibrio, ya que el consumo excesivo de proteínas puede ser perjudicial, al igual que ocurre con cualquier otro nutriente. En este libro, no nos centramos únicamente en las calorías, sino en buscar un equilibrio general en la alimentación.

Para mantener un equilibrio adecuado en la ingesta de proteínas, es recomendable incluir fuentes proteicas en cada comida. Por ejemplo, en el desayuno podríamos consumir huevos, queso o jamón, y en las meriendas podríamos optar por yogur o leche. En el almuerzo y en la cena, podemos incorporar carnes rojas, pollo o pescado, como el salmón, la tilapia y el atún, e incluso huevos nuevamente. Además, podemos agregar proteínas en forma de queso en nuestras meriendas vespertinas.

Las proteínas en polvo no son perjudiciales y pueden ser una opción conveniente para aquellos que tienen dificultades para alcanzar sus requerimientos proteicos a través de las fuentes alimentarias convencionales. Es un mito pensar que el consumo de proteínas nos hará engordar o desarrollar excesiva musculatura. Más bien, el aumento de peso o de masa muscular excesivos está relacionado con un consumo desmesurado de alimentos en general, no solo con el consumo de proteínas en polvo.

Recuerda que el éxito radica en la planificación y en la moderación. Es importante investigar y conocer otras fuentes de proteínas, así como también los carbohidratos y las grasas. Al final de este libro, proporcionaré una guía de alimentos y sus clasificaciones para ayudarte a tomar decisiones informadas sobre tu alimentación.

> **La tarea de hoy esta complementada con la tarea del día 71**

73 LA IMPORTANCIA DE LAS GRASAS

Las grasas son nutrientes esenciales que desempeñan un papel vital en nuestro cuerpo y en nuestra salud en general. A menudo, las grasas han sido malinterpretadas y estigmatizadas como algo que debe evitarse a toda costa, pero la verdad es que necesitamos grasas en nuestra dieta para funcionar de manera óptima.

En primer lugar, las grasas son una fuente concentrada de energía. Proporcionan más del doble de la energía por gramo en comparación con los carbohidratos y las proteínas, lo que las convierte en una fuente eficiente de combustible para nuestro cuerpo. Además, las grasas son necesarias para la absorción de vitaminas liposolubles, como las vitaminas A, D, E y K. Estas vitaminas son esenciales para una variedad de funciones en el cuerpo, incluyendo la salud ósea, la función inmunológica y la coagulación sanguínea.

Las grasas también desempeñan un papel crucial en la estructura y función de nuestras células. Forman parte de las membranas celulares y ayudan a regular qué sustancias pueden entrar y salir de las células. Son necesarias para la producción de hormonas importantes, entre ellas algunas hormonas sexuales y las hormonas involucradas en la regulación del apetito y del metabolismo.

FASE III: SOSTIENE

¡No todas las grasas son iguales! Hay grasas saludables, como las grasas monoinsaturadas y las grasas poliinsaturadas, que se encuentran en alimentos como el aceite de oliva, el aguacate, los frutos secos y el pescado. Estas grasas han demostrado tener beneficios para la salud cardiovascular al reducir el colesterol LDL (colesterol "malo") y aumentar el colesterol HDL (colesterol "bueno"). Por otro lado, las grasas trans y las grasas saturadas, que se encuentran en alimentos procesados y fritos, pueden aumentar el riesgo de enfermedades cardíacas y otros problemas de salud, si se consumen en exceso.

> **La tarea de hoy esta complementada con la tarea del día 71**

74 LA IMPORTANCIA DE LAS HARINAS

Las harinas, también conocidas como carbohidratos, son la principal fuente de energía que nuestro cuerpo utiliza. Si te preguntas cómo funciona una dieta cetogénica, esta se basa en eliminar por completo las harinas y obtener la energía necesaria a partir del consumo de grasas. Aunque este régimen puede ser efectivo para algunos, desde mi experiencia personal, considero que no podría vivir sin carbohidratos, al igual que la mayoría de las personas. Los carbohidratos son esenciales, no solo como nutriente, sino también en nuestras actividades diarias.

Por ello, mi recomendación es no eliminar por completo los carbohidratos de tu dieta. Cuando dejamos de consumirlos y luego intentamos reintroducirlos, el cuerpo puede experimentar efectos negativos, como aumento rápido de peso, inflamación estomacal y retención de líquidos. ¡A la hora de consumir carbohidratos, el equilibrio es el gran secreto!

Sugiero un rango de cuatro a seis porciones de carbohidratos distribuidos en todas las comidas del día, aunque es ideal comenzar con un mínimo de cuatro. Con el tiempo, puedes ajustar este número según tus necesidades y objetivos de peso. ¡No siempre más es mejor! El objetivo es encontrar un equilibrio saludable en tu ingesta diaria de carbohidratos.

FASE III: SOSTIENE

¿CÓMO TE SENTISTE ESTOS DÍAS?

75 DIETA O PLAN DE ALIMENTACIÓN

La palabra dieta connota restricción y limitación; por eso, prefiero utilizar el término "plan de alimentación". Sin embargo, en este libro, más allá de solo seguir un plan, quiero que consideres este proceso como un estilo de vida que te llevará a convertirte en una mejor versión de ti mismo, no solo físicamente, sino también psicológicamente.

Este nuevo enfoque te ayudará a ser una persona más completa, a mejorar tus valores y muchas otras cosas, y como resultado, también mejorará tu peso. Todo lo que logres mantener a lo largo del tiempo será porque se convirtió en una parte de tu estilo de vida. Hoy eres una persona diferente y valiosa, que conoce su valía y lo que se merece.

No mereces ver la comida como un castigo ni como un premio, sino simplemente como un nutriente necesario para tu vida diaria. Eres más fuerte que cualquier alimento y que cualquier situación emocional, y ahora sabes que siempre podrás superar los problemas sin recurrir a comer en exceso. ¡Eres una obra de arte!

Escribe una carta explicando por qué las dietas no son efectivas, pero un estilo de vida saludable sí lo es. ¿Por qué crees que es sostenible en el tiempo? Creo que hemos abordado suficiente información como para que puedas comprenderlo.

FASE III: SOSTIENE

¿PORQUÉ LAS DIETAS NO SON EFECTIVAS?

EL EFECTO REBOTE

El efecto rebote, también conocido como el "efecto yoyó" por algunas personas, realmente no existe. Analicemos esta situación: una persona comienza a ir al gimnasio, mejora su alimentación, duerme mejor, reduce el estrés y adopta hábitos saludables.

A lo largo del tiempo, logra su objetivo de obtener "cuadritos". Sin embargo, una vez que alcanza su meta, vuelve a sus antiguos hábitos poco saludables y, como resultado, recupera el peso perdido. Esto no es un efecto rebote, simplemente refleja el retorno a comportamientos anteriores debido a una motivación temporal y centrada en el resultado.

Para que los cambios sean duraderos, es necesario un cambio genuino de mentalidad y de estilo de vida. Este proceso se asemeja a las relaciones de pareja, donde el cambio superficial no perdura si no hay una transformación real. Es como cuando una persona cambia temporalmente su comportamiento porque lastimó a su pareja, pero una vez que la vulnerabilidad de la pareja vuelve a aparecer, el comportamiento anterior también regresa.

Es esencial perdonarse a uno mismo y estar dispuesto a reaprender conductas para mantener estos cambios a lo largo del tiempo. No se trata de evitar caer, sino de aprender a levantarse y a seguir adelante, como he enfatizado repetidamente en este libro.

FASE III: SOSTIENE

Reflexiona sobre lo que te gustaría escuchar si te encontraras en un momento de caída o confusión durante este proceso. Escribe desde el corazón y con determinación, recordando la fortaleza que posees en este momento. Esta reflexión servirá como un ancla para los momentos difíciles, y te recordará por qué es importante seguir adelante y no abandonar este camino hacia una vida más saludable. Hazlo con el compromiso de mantenerte firme en tus objetivos, y valora el progreso que has logrado hasta ahora.

MÁS ALLÁ DE LAS CALORÍAS

77 CÓMO LEER UNA ETIQUETA NUTRICIONAL DE FORMA EFECTIVA

Al examinar una etiqueta nutricional, presta especial atención a la lista de ingredientes. El primer ingrediente que aparece en la lista es el que está presente en mayor cantidad en el producto. Por lo tanto, si buscas reducir el consumo de ciertos ingredientes, como azúcares añadidos o grasas poco saludables, asegúrate de que estos estén más abajo en la lista.

Otro aspecto crucial es entender el tamaño de la porción que se menciona en la etiqueta. Las calorías y otros valores nutricionales se basan en esta porción, por lo que es importante tener en cuenta cuántas porciones consumes en realidad cuando sirves o ingieres el producto.

Es esencial comprender de dónde provienen las calorías. Las etiquetas nutricionales suelen desglosar las calorías en carbohidratos, grasas y proteínas. Esto te permite evaluar qué nutrientes predominan en el producto y cómo se alinea con tus objetivos nutricionales personales.

El concepto de "valor diario" te proporciona una idea general de cómo se ajusta el contenido de nutrientes de un producto a tus necesidades diarias. Un valor diario del 5 % o menos indica que el producto contiene

FASE III: SOSTIENE

una cantidad baja de ese nutriente, mientras que un valor diario del 20 % o más indica que es alto. Utiliza estos porcentajes como guía para tomar decisiones más saludables.

Para calcular los carbohidratos totales, es importante tener en cuenta la fibra dietética. Resta la cantidad de fibra de los carbohidratos totales, ya que la fibra es beneficiosa para la salud digestiva y puede ayudar a regular los niveles de azúcar en la sangre.

Por último, recuerda prestar atención a ciertos nutrientes que se deben limitar en una dieta saludable, como las grasas trans, las grasas saturadas, el colesterol y el sodio. Mantener estos nutrientes bajo control puede ayudar a reducir el riesgo de enfermedades cardiovasculares y otros problemas de salud.

Analiza las etiquetas de tus tres productos favoritos y describe los detalles nutricionales que encontraste en sus etiquetas.

1.

2.

3.

78 LA MEDIDA PERFECTA

Comer en exceso por impulsos o antojos es un desafío común cuando intentamos ajustar nuestra dieta. Por ello, considero crucial que al hacer las compras en el supermercado, evitemos traer a casa alimentos que puedan tentarnos y causar ansiedad. Es importante recordar que los atracones pueden ocurrir incluso con alimentos saludables, por lo que es fundamental recordar que no estamos restringidos, sino disfrutando del proceso de cuidarnos a nosotros mismos.

Una vez más, el secreto radica en encontrar el equilibrio, en lugar de imponer restricciones. A partir de hoy, comprendamos que un atracón puede ocurrir cuando no estamos valorando la calidad del proceso en el que nos encontramos. Por tanto, es esencial cultivar una relación positiva con la comida, centrándonos en la nutrición y en el bienestar, en lugar de caer en patrones restrictivos que pueden desencadenar episodios de sobreconsumo.

Apóyate durante este proceso y procura llenar tu hogar con alimentos que promuevan tu autocuidado y bienestar. Recuerda que cada elección alimentaria es una oportunidad para nutrir tu cuerpo y mente con amor y equilibrio.

FASE III: SOSTIENE

Enumera tres productos que deseas eliminar de tu lista de compras, y tres alternativas saludables que puedan contribuir a mejorar tu estilo de vida.

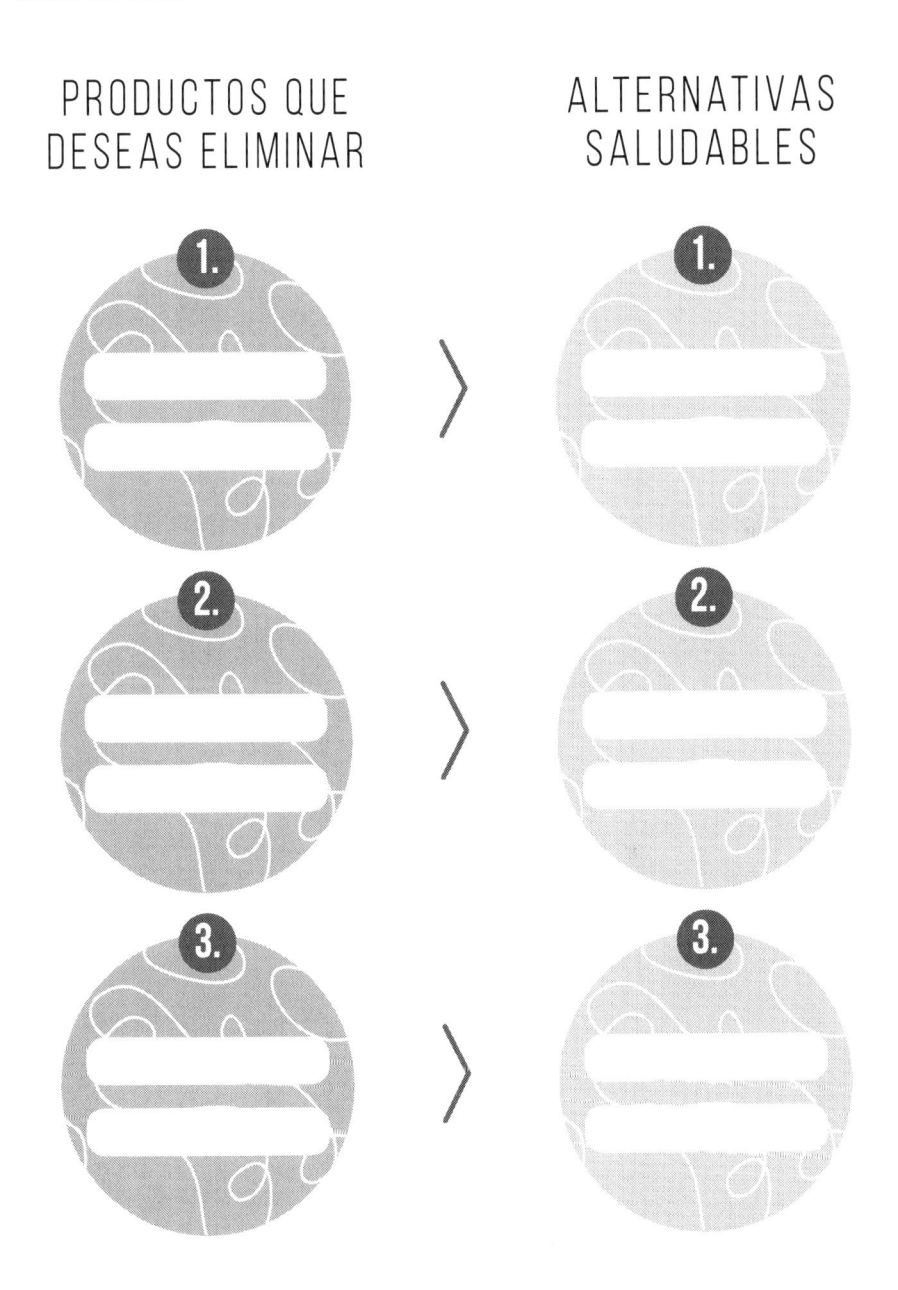

PRODUCTOS QUE DESEAS ELIMINAR

ALTERNATIVAS SALUDABLES

79 ESCUCHA TU CUERPO

Para aprender a escuchar nuestro cuerpo y discernir entre lo que beneficia y perjudica nuestra salud, es fundamental cultivar la conciencia plena o mindfulness. Esta práctica nos ayuda a estar presentes en el momento y a prestar atención a las señales que nos envía nuestro cuerpo.

Una manera de desarrollar esta habilidad es mediante la práctica de la alimentación consciente. Al comer, enfócate en cada bocado, saborea los alimentos y presta atención a las sensaciones físicas y emocionales que experimentas. Observa cómo te sientes antes, durante y después de comer, e identifica cuáles son los alimentos que te hacen sentir bien y cuáles te generan malestar.

Además, es importante estar atentos a las señales físicas que nos indica el cuerpo, como la fatiga, el dolor, el hambre y la saciedad. Aprender a diferenciar estas señales nos permite ajustar nuestra dieta y nuestro estilo de vida de acuerdo con las necesidades reales de nuestro organismo.

A menudo, nos enfrentamos a situaciones en las que consumimos alimentos en exceso, incluso cuando ya estamos saciados. Esta desconexión con las señales de nuestro cuerpo puede llevarnos a sobrealimentarnos y a desatender nuestras verdaderas necesidades nutricionales.

FASE III: SOSTIENE

Por otro lado, ignoramos las señales que nos indican la importancia de nutrirnos con alimentos saludables. Así pues, escogemos opciones menos nutritivas y desatendemos la voz interna que nos guía hacia una alimentación más balanceada y beneficiosa para nuestro bienestar general.

Del mismo modo, podemos dedicarnos al ejercicio físico sin prestar atención a los efectos positivos que se producen en nuestro cuerpo. Es esencial que aprendamos a reconocer y valorar estos cambios positivos como resultado de la actividad física, ya que sirven como motivación para mantener hábitos saludables a largo plazo.

Enumera tres cambios significativos que hayas experimentado como resultado del proceso de la alimentación consciente que llevas a cabo en este libro.

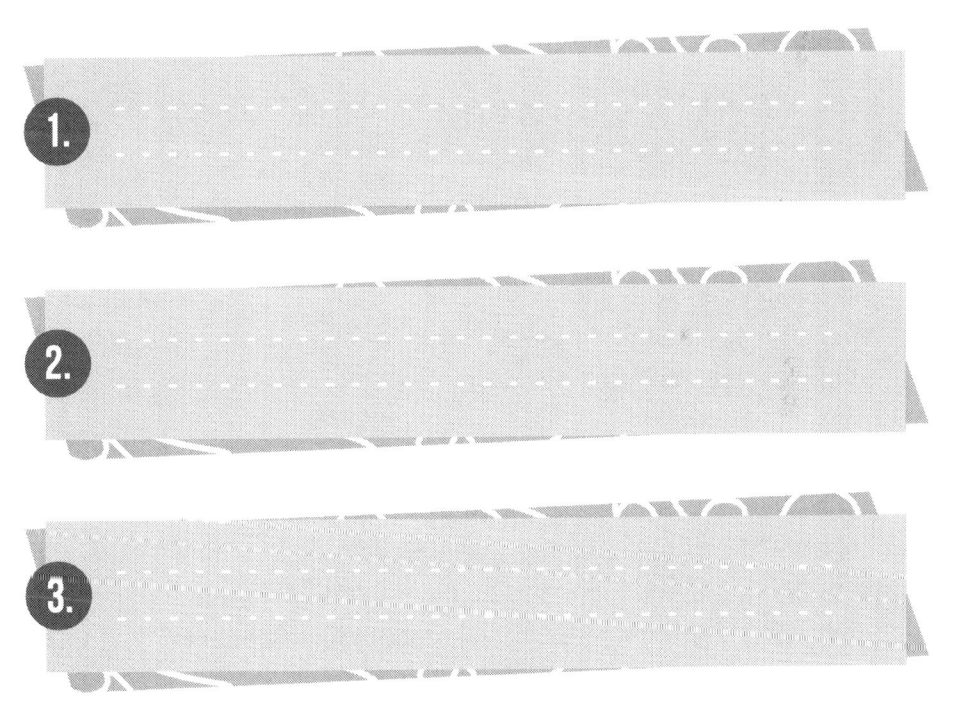

1.

2.

3.

80 CONVIERTE LOS SACRIFICIOS EN PLACERES

En nuestra vida, a menudo, asociamos ciertas acciones con el sacrificio, especialmente cuando se trata de mantener una alimentación saludable y practicar ejercicio físico. Desde temprana edad, nos han inculcado la idea errónea de que comer alimentos poco saludables o indulgentes es un placer, mientras que hacer ejercicio se percibe como un castigo. ¡Es hora de cambiar esta mentalidad y de transformar lo que consideramos sacrificios en fuentes de placer y satisfacción!

En cierto sentido, el proceso de adoptar una alimentación saludable y comprometernos con la actividad física conlleva algunos sacrificios, especialmente si estamos acostumbrados a hábitos poco saludables. Es posible que, al principio, enfrentemos resistencia e incomodidad, pero al comenzar a ver los resultados positivos en nuestra salud, peso y energía, estos sacrificios se convierten en verdaderos placeres.

Recuerdo una conversación con alguien que, inicialmente, se resistía a la idea de hacer ejercicio, debido al dolor y a la incomodidad que sentía. Sin embargo, al entender que ese malestar era un indicador de su esfuerzo y compromiso, empezó a percibirlo como una experiencia enriquecedora y gratificante. Ver su progreso en el espejo y sentirse más saludable y enérgico se convirtió en la recompensa definitiva, y cambió por completo su percepción de lo que antes consideraba un sacrificio.

A fin de cuentas, debemos recordar que el verdadero placer viene de cuidar y nutrir nuestro cuerpo de manera adecuada, y que cualquier sacrificio que hagamos en este proceso se verá recompensado con beneficios tangibles y duraderos.

Escribe tres frases, relacionadas con tu cambio de vida hacia la alimentación consciente, en las que expreses respuestas positivas a estímulos que normalmente representaban un sacrificio para ti.

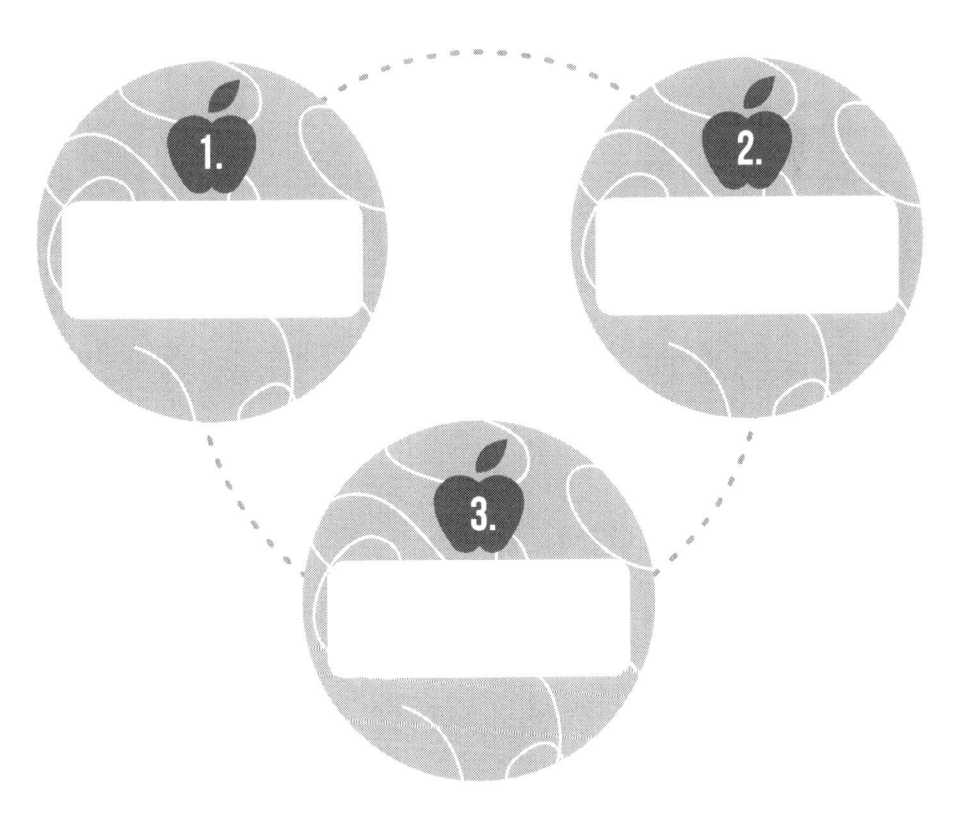

81 EL ESPEJO AHORA ES MI AMIGO

Quiero expresarte mi gran satisfacción por este día, el día en el que comprendes que, con todos tus defectos, puedes mirarte al espejo con empatía y con un amor profundo, entendiendo que no todos los días serán iguales, pero que siempre recordarás que el espejo puede ser tu aliado. La mejor forma de transitar la vida es hacerlo en paz uno mismo.

Obsérvate en el espejo con amor, con compasión, con dignidad, reconociendo todo lo que has logrado hasta el momento y agradeciendo a tu cuerpo por todo lo que te ha permitido hacer. Eres y siempre serás maravilloso, sin importar tu peso, tu complexión o tu estatura. Lo que realmente importa es que en ese reflejo veas el amor divino.

Cuando fuiste creado, se forjó una persona ganadora, una persona rebosante de amor. Me enorgullece verte ya no solo describiendo lo que ves en términos físicos, sino también emocionales y mentales, comprendiendo que habrá días difíciles, pero también que la empatía, que durante tanto tiempo te faltó, hoy la has encontrado.

Habrá días buenos y días malos, pero hemos aprendido que eso es parte del equilibrio de la vida y que, a veces, es necesario perder para ganar. Por eso, mírate con amor, sin juzgar ninguna lista preconcebida, y repite para ti mismo que estás orgulloso del cuerpo que tienes, del ser humano que eres, de los valores que has cultivado y de ser una versión mejorada de ti mismo, sin importar si estás en tu mejor momento o aún no. Solo con decirlo y repetirlo a diario, en un abrir y cerrar de ojos, te encontrarás reflejado en tu mejor versión.

Estoy orgulloso de ti y de todo lo que has logrado.

Independientemente de tus creencias religiosas, te invito a escribir una carta de agradecimiento por tu cuerpo y por tu vida. Puedes dirigirla a la fuerza divina en la que creas o, simplemente, expresar tu gratitud hacia el universo por tu existencia y por todo lo que te rodea. Reconoce que fuiste maravillosamente creado y agradece por cada aspecto de tu ser y tu experiencia.

CARTA DE AGRADECIMIENTO POR TU CUERPO

LA MADUREZ NUTRICIONAL

La madurez nutricional es un concepto que compartí con uno de mis pacientes, y se refiere a ese momento de la vida en el que alcanzas una sensibilidad profunda sobre el tema de la alimentación. Te das cuenta de que has aprendido mucho; comprendes que no se trata de evitar los fallos, sino de levantarte cada vez que tropiezas. Entiendes que el proceso de pérdida de peso puede ser irregular y que ganar músculo requiere un esfuerzo considerable. Por eso, llamo a este estado de madurez nutricional "entenderlo todo".

Permíteme explayarme al respecto. Estoy seguro de que las decisiones que tomas hoy son muy diferentes a las que tomarías a los 20 años. Es posible que, en ese entonces, buscaras soluciones rápidas, como pastillas, o seguir las tendencias de los influencers, incluso sabiendo que no eran sostenibles a largo plazo. Sin embargo, después de leer este libro, espero que hayas alcanzado esa madurez nutricional que te permitirá tomar decisiones más conscientes y saludables.

La madurez nutricional es un proceso gradual que va más allá de simplemente seguir reglas o modas pasajeras. Se trata de desarrollar una relación equilibrada y respetuosa con la comida, donde entiendes que cada elección nutricional tiene un impacto en tu bienestar a largo plazo. Alcanzar esta madurez significa aprender a escuchar las necesidades de tu cuerpo, a reconocer tus propios límites y a valorar la importancia de una alimentación nutritiva y consciente. Es un viaje

FASE III: SOSTIENE

de autodescubrimiento y crecimiento personal que te lleva a tomar decisiones más informadas y saludables en tu día a día.

Toma un momento para escribir, con tus propias palabras y en tu propio estilo, un pequeño párrafo que encapsule las lecciones más importantes que te llevarás contigo tras leer este libro. Este ejercicio te permitirá recordar y afianzar el impacto positivo que este conocimiento tuvo en tu vida.

83
CÓMO MANTENGO ESTE CAMBIO PARA SIEMPRE

Lo primero que debes comprender para mantener este cambio para siempre es reconocer que eres suficiente tal como eres.

Imagínate el caso de una persona con recursos limitados a la que se le ofrece una gran suma de dinero. Es probable que, al no estar preparada para manejar esa cantidad con sabiduría, termine malgastándola. Esto no significa que el dinero haya perdido su valor, sino que cayó en manos que no estaban listas para administrarlo correctamente. De la misma manera, si te sientes menospreciado por alguien que no supo valorarte, recuerda que eso no determina tu valía. ¡Eres más que suficiente!

En segundo lugar, ten presente que este libro sirve como una herramienta de apoyo y guía. Puedes recurrir a él siempre que lo necesites. Utilizarlo como un recurso constante te brindará la libertad necesaria para superar tus miedos y para mantener los resultados alcanzados. ¡Tienes en tus manos una herramienta que te ayudará siempre que lo necesites! Persevera y sé consciente de la responsabilidad que tienes sobre tu vida, dejando de lado la victimización y asumiendo la responsabilidad de tus acciones.

Por último, entiende que es natural tropezar en el camino. Sé compasivo contigo mismo, como lo serías con alguien a quien admiras a pesar de sus fallas. Si has admirado a personas que te han decepcionado, recuerda que también debes admirarte a ti mismo. Levántate cada vez que caigas, sin importar cuántas veces sea necesario.

Escribe por qué nunca abandonarás este proceso, pues sabes que es la clave para enfrentar los desafíos que la vida te presente. Recuerda siempre que eres capaz de lograr cualquier cosa que te propongas, que eres valioso y no debes renunciar a tus convicciones.

84 PASOS PARA MEJORAR TU PORCENTAJE DE GRASA

Para reducir tu porcentaje de grasa de manera efectiva, es fundamental seguir las recomendaciones básicas que siempre se mencionan. Estas incluyen mantener una alimentación equilibrada; realizar ejercicio de manera regular, preferiblemente ejercicios contra resistencia como pesas o CrossFit; y asegurarte de dormir lo suficiente, entre seis y ocho horas diarias. Además, es crucial entender la importancia de mantener la paz emocional y mental, para evitar niveles elevados de cortisol que pueden obstaculizar la pérdida de grasa. A menudo, nos centramos únicamente en la parte física del proceso, pero olvidamos el impacto significativo que tiene la salud emocional en nuestro bienestar general.

La pérdida de grasa no se reduce únicamente por una cuestión de déficit calórico y ejercicio, sino que también está intrínsecamente ligada a nuestra salud psicológica. La atención y el cuidado de nuestra salud mental son aspectos fundamentales que a menudo pasamos por alto. El estrés, la falta de sueño y la obsesión por alcanzar ciertos estándares pueden ser obstáculos importantes en el camino hacia nuestros objetivos de pérdida de grasa. Reconozcamos que cada cuerpo es único y que el porcentaje de grasa es fluctuante, dependiendo del tipo de cuerpo y otros factores individuales.

Obsesionarse con perder grasa puede conducir a resultados no deseados, como la pérdida de curvas o la disminución de la libido. En lugar de buscar alcanzar un porcentaje de grasa extremadamente bajo, debemos enfocarnos en aceptar y comprender nuestro cuerpo, reconociendo sus necesidades y respetando su individualidad. Cada persona tiene una composición corporal diferente, y lo que funciona para una persona puede no ser adecuado para otra.

Por tanto, vamos a elaborar una guía integral para perder grasa que abarque no solo la parte física, sino también la emocional y la psicológica. Al reconocer la importancia de equilibrar todos estos aspectos, podremos lograr una pérdida de grasa más efectiva y sostenible a largo plazo.

Completa el siguiente cuadro con tu plan para perder grasa:

EMOCIONAL

FÍSICO

ALIMENTARIO

85. EL EJERCICIO ES MÁS QUE UNA RUTINA

El ejercicio, más allá de una cuestión estética, es una necesidad biológica, fisiológica, mental y de salud que va a cuidar de nuestro cuerpo para ayudar a prevenir la aparición de patologías a largo plazo. El ejercicio tiene el poder de curar. Es una decisión diaria que nunca se va a acabar, que se convierte en una fuente de vitalidad y de energía, para que en nuestros años de vejez, tengamos fortaleza y salud.

Gracias al ejercicio, las personas pueden desarrollar una sensación de ganancia y poder, en la que se admiran de su constante. El ejercicio no es algo que "guste" o "encante", sino algo que trae recompensas con metas, disciplina y constancia.

Para mí, la mejor manera de definir el ejercicio es reconociéndolo como un educador emocional, capaz de formar carácter y una estructuración intencional para nuestra vida. Si persigues resultados estéticos, la mejor manera de alcanzarlos es analizar la forma en la que piensas en los alimentos; pero, el ejercicio, como educador emocional, es vida.

La única manera de que puedas verlo con gratificación es por medio de la perseverancia. A lo mejor, la primera vez que lo intentes, te vas

FASE III: SOSTIENE

a sentir ahogado, frustrado, enojado y triste, pero si desarrollas un hábito, vas a ir viendo cómo tu cuerpo va dándote más y más en cada paso. El aprendizaje y la conceptualización correcta del ejercicio van a venir a tu vida a través del hábito, no en un día; para ello, te recomiendo dejar a un lado las excusas y comenzar hoy mismo.

Realiza una actividad física que te guste como rutina, como mínimo durante tres días a la semana.

86 LLÉNATE DE PODER

El poder está en tus manos. Eres la mejor versión de ti mismo, y eso es algo que debes reconocer. El empoderamiento positivo siempre será beneficioso para tu vida y te permitirá alcanzar cualquier meta por la que decidas trabajar y esforzarte. Sin embargo, mantenerse todo el tiempo en ese estado de empoderamiento no es fácil. Comprende que no siempre estarás en pleno control de todas las situaciones de tu vida.

A pesar de ello, debes recordar que has experimentado ese sentimiento de poder y lo has manejado de manera admirable. El poder, cuando se aborda correctamente, nunca es perjudicial. Por eso, hoy te animo a hacer una lista de las diez cosas que más te han dolido en la vida. Esta reflexión te ayudará a entender por qué el empoderamiento es tan importante para evitar que esos eventos dolorosos vuelvan a ocurrir y para romper con cualquier patrón negativo que puedas haber desarrollado.

Este poder que posees es un regalo de Dios, y nadie tiene el derecho a quitártelo. Aprende a llevarlo contigo, a manejarlo de manera positiva y a comprender que, cuando se utiliza de forma adecuada, puedes influir positivamente en la vida de otras personas. Confío en que seguirás utilizando tu poder para crecer y prosperar en la vida.

Escribe la lista de diez situaciones que han sido sumamente dolorosas para ti y reflexiona acerca de por qué el empoderamiento es importante.

1.
2.
3.
4.
5.
6.
7.
8.
9.
10.

CAMINA JUNTO A TU ALMA

El cambio verdadero debe surgir desde lo más profundo de nuestro ser, desde el alma misma. Es necesario reconstruirnos a nosotros mismos, juntando los pedacitos que se han desgarrado en el camino, una y otra vez si es necesario. Sin embargo, para que este cambio perdure, debe originarse desde nuestras entrañas, desde el núcleo de nuestra esencia.

Es fundamental que el cuerpo y el alma caminen juntos en este proceso. Cuando la relación entre ambos no está en armonía, el progreso se dificulta enormemente. Este concepto puede resultar complejo de comprender, pero es similar a las relaciones humanas. Ninguna relación puede perdurar si una de las partes no está feliz o si hay un maltrato constante. Lo mismo ocurre con la relación entre nuestro ser interior y nuestro cuerpo físico.

Por eso, te animo a que comiences a tratarte con amor y respeto desde adentro hacia afuera. Reconoce la singularidad de cada parte de tu cuerpo y valora las maravillas que te brinda. Por ejemplo, el simple acto de caminar es una bendición extraordinaria que merece ser apreciada. Toma un momento para reflexionar sobre cada parte de tu cuerpo y anota por qué es importante para ti. Hazlo con amor y gratitud, permitiendo que cada parte de ti se sienta amada y valorada.

FASE III: SOSTIENE

Realiza una caminata consciente. Selecciona un trayecto agradable y recórrelo a una velocidad mucho más lenta de lo habitual. Observa detenidamente todo lo que te rodea: presta atención a tu cuerpo, a tu respiración y al movimiento de tus pasos. Luego, escribe en el siguiente espacio cómo te has sentido durante esta experiencia.

88 SIÉNTETE ORGULLOSO

Después de transitar por tantas vivencias, atravesar rupturas y enfrentar dolores, solo tú conoces el camino que te ha traído hasta aquí. A menudo, no disfrutamos de los procesos porque anhelamos únicamente el resultado final. Sin embargo, es esencial comprender que el proceso es infinito y que encontrar satisfacción en cada paso es fundamental para avanzar con plenitud.

En esta carrera de la vida, cada kilómetro recorrido es significativo y cada desafío superado merece reconocimiento. Pero, a menudo, la sociedad nos enseña que ser orgulloso es negativo, porque lo asocia con la arrogancia o la prepotencia. Sin embargo, en este contexto, el orgullo se enmarca en el autocuidado y en el reconocimiento propio. Reconocer y valorar tus logros, por más pequeños que parezcan, es una parte fundamental del camino hacia la realización personal.

Por eso, te invito a reflexionar sobre todas esas razones que te hacen merecedor de sentirte orgulloso. Escribir sobre ellas te permitirá tomar conciencia de tu valía y de lo lejos que has llegado. Es un recordatorio de que eres más valioso de lo que crees y que cada paso dado en este proceso de vida merece ser celebrado.

Escribe siete razones por las cuales te sientes orgulloso de ti mismo.

FASE III: SOSTIENE

SIETE RAZONES PARA SENTIRTE ORGULLOSO DE TI MISMO

MINDFUL EATING

En nuestra cultura contemporánea, donde la prisa y las distracciones son moneda corriente, la relación con la comida puede volverse mecánica y poco consciente. La práctica del mindful eating o de la alimentación consciente busca contrarrestar estos efectos, invitándonos a reconectar con la experiencia de comer de manera plena.

En lugar de comer de forma automática o compulsiva, te invito a prestar atención plena a cada bocado que ingieres. Cultiva una atención intencional en el momento presente, permitiéndote experimentar plenamente los sabores, las texturas y las sensaciones que surgen durante la comida.

Esta práctica te alienta a estar presente en el acto de comer, a ser consciente de tus señales de hambre y saciedad y a responder a ellas de manera respetuosa hacia tu cuerpo. Te invita a observar tus patrones emocionales y mentales en relación con la comida, reconociendo la diferencia entre el hambre física y el hambre emocional.

Comer conscientemente implica prestar atención plena a cada aspecto de la experiencia alimentaria. Por ejemplo, al tomar una manzana, en lugar de simplemente morderla y tragarla apresuradamente, uno puede detenerse por un momento para observar su color, sentir su textura en las manos y apreciar su aroma. Luego, al dar el primer mordisco, se puede saborear lentamente cada trozo, notando cómo cambia el sabor a medida que se mastica. Es estar presente en el momento, alejándose de distracciones, como el teléfono o la televisión, y permitirse disfrutar plenamente del acto de comer. Este enfoque nos permite conectarnos más profundamente con nuestros alimentos y con nuestro cuerpo, y cultivar una relación más saludable y consciente con la comida.

Elige un alimento de tu preferencia y responde el siguiente cuestionario tras comerlo detenidamente:

¿Cómo se ve y huele este alimento?

¿Qué sensaciones experimento en mi cuerpo mientras ingiero este alimento?

¿Qué textura tiene este alimento en mi boca mientras lo mastico lentamente?

¿Cómo puedo apreciar el sabor de este alimento y distinguir sus ingredientes?

¿Qué pensamientos cruzan por mi mente mientras como este alimento?

¿Cuánto tiempo me tomo para terminar de comerlo?

¿Cómo me siento física y emocionalmente después de haber disfrutado de esta comida?

DÍA 90. ¡LO LOGRASTE!

Eres un verdadero campeón, y quiero agradecerte por demostrar tu espíritu ganador. La vida no siempre sigue un camino recto, sino que tiene sus altibajos, y espero que hayas aprendido a manejar tanto los momentos buenos como los desafiantes.

Recuerda que Dios no nos creó para sufrir, sino para superar los desafíos que se nos presentan en el camino. Aunque a veces enfrentemos situaciones difíciles, no son el resultado de nuestras acciones intencionales, sino que son parte del día a día y debemos tener la capacidad para sortearlas.

Es importante practicar la gratitud y reconocer nuestras emociones, pero nunca debemos permitir que la idea de rendirnos se convierta en un hábito.

Estoy profundamente orgulloso de ti y confío en que continuarás por el camino correcto. No dudes en volver a leer este libro cuantas veces sea necesario y recuerda que nunca, bajo ninguna circunstancia, debes considerarte un perdedor. ¡Fuiste creado para conquistar!

Realiza una carta de amor para ti mismo, celebrando este día, a modo de título, con el fin de que puedas leerla cada vez que te sientas desmotivado.

CERTIFICADO DE CULMINACIÓN

¡Celebremos juntos este logro compartiendo este certificado en tus redes sociales! Reconocer el progreso y celebrar los logros es esencial para recordar nuestra capacidad de alcanzar nuestras metas.

Este certificado representa mucho más que un simple reconocimiento; es un recordatorio de la fortaleza y perseverancia que reside en cada uno de nosotros. Cada vez que enfrentemos desafíos o dudas, podemos recurrir a este certificado como prueba de nuestra condición de campeones en nuestro viaje de transformación.

Ahora es tu momento de brillar. Escribe tu nombre en el siguiente certificado, tómale una foto y haz de este paso un momento significativo en tu vida. Reconoce tu dedicación y esfuerzo, y comparte tu triunfo con el mundo. ¡Eres un campeón!

CERTIFICADO DE PERSEVERANCIA Y TRANSFORMACIÓN PERSONAL

Yo, ████████████████████ , me otorgo este certificado en reconocimiento a mi compromiso, dedicación y perseverancia en mi viaje de transformación personal a través del libro Más allá de las calorías.

Al completar los 90 días de este programa de transformación, reconozco y celebro mi notable determinación, fuerza de voluntad y constancia. He explorado nuevas perspectivas, he superado desafíos y he crecido de manera significativa, abrazando el potencial dentro de mí mismo.

Por lo tanto, me concedo este certificado como testimonio de mi logro y compromiso conmigo mismo. Que este certificado sirva como recordatorio de mi capacidad para alcanzar metas, superar obstáculos y vivir una vida plena y auténtica.

Fecha: DD/MM/AAAA

Firma: _____

CONCLUSIÓN

¡Felicidades por completar este viaje transformador! Has demostrado una fuerza y determinación extraordinarias al comprometerte con este proceso de 90 días. Pero nuestro camino no termina aquí; de hecho, apenas estamos empezando.

Ahora te invito a dar el siguiente paso crucial: compartir este libro y tu experiencia con aquellos que más amas y valoras. Al hacerlo, no solo celebramos juntos tu logro, sino que también fortalecemos nuestro proceso de transformación. Es en la conexión con los demás, en el intercambio de experiencias y en el apoyo mutuo donde encontramos una fuerza inquebrantable.

Compartir los buenos hábitos con la familia o con el círculo cercano hace que los cambios tomen fuerza. De nada sirve elegir una vida saludable si nuestra pareja o hijos no entran en la dinámica. La idea es que una vez que hayamos alcanzado la transformación deseada, podamos ir al siguiente nivel para cambiar a toda nuestra generación.

Cada historia compartida y cada palabra pronunciada en voz alta sobre tus logros y desafíos no solo inspiran a otros, sino que también refuerza tu propio compromiso contigo mismo. Juntos, formamos una red de apoyo, un círculo de confianza y empoderamiento que nos impulsa a alcanzar alturas que nunca antes imaginamos posibles.

Este libro es mucho más que una guía de 90 días; es una brújula para toda la vida y una herramienta para revaluar constantemente nuestras metas, sueños y aspiraciones en cualquier área de la vida. Es un compañero para la eternidad, aplicable a cualquier desafío que enfrentemos.

Así que te animo, querido lector, a reflexionar sobre tu viaje hasta este punto, a tomar tu experiencia y a compartirla con aquellos que te rodean. Celebra tu transformación, inspira a otros a seguir tu ejemplo y continúa tu viaje hacia una vida más plena y significativa.

Con gratitud y admiración,

Dr. Greivin López

BIOGRAFÍA

Greivin López Córdoba es un ejemplo de pasión, dedicación y transformación.

Nació el 18 de noviembre de 1986 en San José, Costa Rica, con una pasión innata por el bienestar humano. Esta pasión lo llevó a construir una carrera ejemplar en el campo de la salud y la nutrición, impactando positivamente la vida de miles de personas.

Durante siete años, Greivin trabajó como entrenador personal en dos gimnasios y como instructor de entrenamiento funcional, antes de fundar su propia clínica Dr. Greivin López. Aquí, fusiona la psicología con la nutrición, para ayudar a sus más de 40.000 pacientes a lo largo del tiempo, logrando múltiples casos de éxito.

Sus logros académicos incluyen una licenciatura en Psicología con especialización en Psicología Deportiva, así como una licenciatura en Nutrición con especialización en Nutrición Deportiva. Además, ha completado diversos cursos de Entrenamiento Personal y Nutrición Avanzada.

El doctor Greivin es reconocido por su dedicación y empatía hacia los demás. Creó un pódcast centrado en la ayuda integral de las personas y ofrece charlas motivacionales en empresas y grupos, a fin de inspirar un cambio positivo en la comunidad.

Motivado por su fe y su capacidad para empatizar con los demás, Greivin ha superado desafíos personales, incluidas limitaciones económicas y una discapacidad visual desde los 15 años. Su determinación y credibilidad en sí mismo lo han convertido en un líder respetado y admirado.

Fuera de su práctica profesional, Greivin demuestra su compromiso con la comunidad mediante iniciativas altruistas, como la recolección anual de regalos para niños necesitados y la atención gratuita a personas con dificultades económicas o de salud.

Más allá de las páginas de su libro, Greivin busca impactar cada área de las vidas de las personas, convirtiéndose en un manual para vivir bien. Asimismo, brinda herramientas para que sus lectores se vean a sí mismos con más empatía y amor, y desea que comprendan que cada circunstancia implica un proceso para llegar a un resultado final.

En su vida personal, Greivin encuentra apoyo en su novia, sus dos hijos y sus fieles compañeros caninos. Su familia es su mayor fuente de inspiración y equilibrio entre su vida personal y profesional.

GUÍA DE INTERCAMBIO DE ALIMENTOS

Planifica tus comidas con esta guía que permite intercambiar los alimentosde tu plan, seguí disfrutando de una alimentación saludable y si tienes alguna duda, no dudes en hacérselo saber a tu nutricionista.

*Cada **intercambio** equivale a **1 porción***

CARBOHIRATOS

Alimento	Intercambio
Arroz blanco o integral	1/2 taza
Frijoles	1/2 taza
Quinoa	1/3 taza
Gallo pinto	1/2 taza
Leguminosas	1/2 taza
Camote-papa	100 gramos
Ayote sazón	300 gramos
Yuca Elote	85 gramos 15 cm
Plátano	100 gramos o 1/3
Pasta	1/2 taza o 25 gramos crudo
Pejibaye	2 medianos
Maíz dulce	4 taza

MÁS ALLÁ DE LAS CALORÍAS

FRUTAS

Alimento	Intercambio
Banano	1 unidad criollo
Manzana	1 unidad pequeña
Pera	1 unidad pequeña
Naranja	1 unidad mediana
Mandarina	1 unidad mediana
Durazno	1 unidad mediana
Melocoton	1 unidad mediana
Ciruela	1 unidad grande o 3 criollas
Jocotes	5 unidades
Arándanos	1 taza
Uvas verdes	10 unidades
Uvas moradas	8 unidades
Sandia	1 taza
Papaya	1 taza
Pina	1 taza
Melón	1 taza
Mango	1 taza
Fresas	8 unidades
Moras	3/4 taza
Guayaba	1 unidad mediana o 1/2 grande
Kiwi	1 unidad mediana
Limón dulce	1 unidad mediana
Coctel de frutas	1/2 taza
Granadilla	2 unidades
Pasas	2 cucharadas
Jugos 100% naranja, manzana, uva	1/2 taza

CARBOHIDRATOS PROCESADOS

Alimento	Intercambio
Cereal cheerios originales	2/3 taza
Corn flakes	2/3 taza
Granola nutrisnacks	1/4 taza
Avena integral	30 gramos o 1/4 taza
Pan hot dog sencillo	1 unidad
Galletas tosh *(té verde- arándanos- chocolate)*	1 paquete
Galletas soya vainilla cosecha dorada	2 galletas
Galleta soda	1 paquete
Pancakes nacarina	1/4 taza
Brownie Fiber one	1 brownie
Barritas tosh lyne	1 barrita
Galleta nutrisnacks	1 paquete
Biscolite nutrisnacks	1 paquete
Palitos de ajonjoli cosecha dorada	6 palitos
Galletas de arroz	3 galletas
Tortiricas	2 tortillas

CARBOHIDRATOS PROCESADOS

Alimento	Intercambio
Tortillas del fogón	1 tortilla
Tortillas de trigo light mediana	1 tortilla
Masa para tortilla	1/4 taza
Pan Francés	8 cm
Pan 0% grasa	1 rebanada y media
Pan oroweat	1 rebanada *equivale a una proteína*
Pan thins integral	1 pieza completa
Ruiseñor de bollito	1 bollito
Konig multigrano pequeño	2 rebanadas
Smart pocket	1 pieza
Pan pita mini mediterráneo	1 pieza
Pan Brohders	1 rebanada
Pasta	1/2 taza o 25 gramos crudo
Puré	1/3 taza o 80 gramos
Cereal all Inklusive	1/2 taza

PROTEÍNAS

Alimento	Intercambio
Bajos en grasa	
Pollo o pavo sin piel, res molida 95%, pescado, atún en agua	30g o 2 cdas
Jamón de pavo	3 rebanadas delgadas
Salchicha baja en grasa	1 unidad
Claras de huevo	2 unidades, 1/3 taza
Queso cottage	2 cdas o 30g
Queso Ricotta	2 cdas o 30g
Queso semiduro Prado o Tiqueso	30g
Stick de queso crystal farms light	1 unidad
Queso mozarella monterico o Monteverde light	1/4 taza
Moderados en grasa	
Huevo entero	1 unidad
Camarones	30g, 2 unidades pinky
Queso americano inline dos pinos	2 unidades
Atún en aceite escurrido	30g
Muslo o cadera de pollo	1 unidad
Posta de cerdo	30g

LÁCTEOS

Alimento	Intercambio
Leche descremada	1 taza
Leche 2% grasa	1 taza
Leche entera	1 taza
Leche en polvo 0% grasa	2 cucharadas

Lácteos altos en proteína

Yogurt griego plus	200 ml
Leche doble proteína plus	1 taza
Leche 50% mas proteína	1 taza
Leche saborizada 50% mas proteína	1 taza
Yogurt yoplait protein Max	230 ml
Nikkos Fit	150 ml
Yogurt yoplait Kids	100 ml
Yogurt Nikkos Junior	100 ml
Kefir Nikkos	100 ml
Yogurt Nikkos griego	150 ml
Yogurt griego Yes	150 ml

GRASAS

Alimento	Intercambio
Almendras	10 almendras
Maní	30 gramos
Marañón	10 unidades
Pistachos	10 unidades
Aguacate	1/4 de aguacate o 30 gramos
Bebida de almendra	1 taza
Aceites (soya-maíz- canola-girasol-oliva- almendra)	1 cdita o 5ml
Aceitunas	8 unidades
Mantequilla-Margarina	1 cdita o 5 ml
Queso crema baja en grasa	2 cucharadas
Mayonesa light hellmann's	2 cucharadas
Aderezo delga-c ranch, cesar, mostaza miel	2,5 cucharadas

AZÚCARES

Alimento	Intercambio
Jalea st. dalfour	2 cucharadas
Jalea delga C	2 cucharadas
Azúcar blanca o azucar morena	1 cucharada
Miel de abeja	1 cucharada
Mermelada regular	1 cucharada
Sirope regular	1 cucharada
Sirope de maple regular	1 cucharada
Salsa de tomate banquete	4 cucharadas

MÁS ALLÁ DE LAS CALORÍAS

VEGETALES LIBRES

Ayote tierno
Zanahoria
Brócoli
Coliflor
Palmito
Hongos
Vainicas
Rábano
Tomate
Chayote tierno

Zuchinni
Berenjena
Pepino
Hojas verdes
Chile dulce
Zapallo
Cebollas
Pimientos
Remolacha

ALIMENTOS LIBRES

Gelatina Diet-x
Aderezo italiano light
Suspiros Sweet Well

Refrescos cero
Clight-livean

Made in the USA
Middletown, DE
24 July 2024